COMTE DE CAIX DE SAINT-AYMOUR

MÉMOIRES

ET

DOCUMENTS

POUR SERVIR A L'HISTOIRE DES PAYS

QUI FORMENT AUJOURD'HUI

LE DÉPARTEMENT DE L'OISE

(PICARDIE MÉRIDIONALE - NORD DE L'ILE DE FRANCE)

SECONDE SÉRIE

PARIS
LIBRAIRIE ANCIENNE H. CHAMPION
ÉDOUARD CHAMPION
5, QUAI MALAQUAIS, 5

1916

MÉMOIRES

ET

DOCUMENTS

POUR SERVIR A L'HISTOIRE DES PAYS

QUI FORMENT AUJOURD'HUI

LE DÉPARTEMENT DE L'OISE

SECONDE SÉRIE

Ouvrages du même Auteur :

Mémoire sur l'Origine de la Ville et du Nom de Senlis. — Senlis, 1863. — In-8°.

La Langue latine étudiée dans l'Unité Indo-Européenne. — *Histoire, Grammaire, Lexique.* — Paris, 1868. — 1 vol. in-8°.

La Grande Voie romaine de Senlis à Beauvais et l'emplacement de Litanobriga. — Senlis, 1873. — In-8°, 2 cartes.

Indicateur de l'Archéologue et du Collectionneur (publié avec M. G. de Mortillet). — Paris, 1872-74. — 2 vol. in-8°, 280 fig.

Etude sur quelques monuments mégalithiques de la vallée de l'Oise. — Paris, 1875. — In-8°, 50 fig.

Le Musée archéologique, *Recueil illustré de monuments, etc.*, publié avec la collaboration d'archéologues français et étrangers. — Paris, 1876-77. — 2 vol. grand in-8° avec fig.

Les Pays Sud-Slaves de l'Austro-Hongrie (*Croatie, Slavonie, Bosnie. Herzégovine, Dalmatie*). — Paris, 1883. — In-18 jésus, 58 gravures.

Notice sur Hugues de Groot (Hugo Grotius), suivie de lettres inédites. — Paris, 1884 — In-8°.

Les intérêts français dans le Soudan Éthiopien. — Paris, 1884. — In-18 jésus, 3 cartes.

La France en Éthiopie : Histoire des Relations de la France avec l'Abyssinie chrétienne, sous les règnes de Louis XIII et de Louis XIV (1634-1706). Paris, 1886, 1re édition. — In-18 jésus, avec carte. — Paris, 1892, 2e édition.

Recueil des Instructions données aux Ambassadeurs de France en Portugal, publié sous les auspices de la Commission des Archives Diplomatiques au Ministère des Affaires étrangères. — Paris, 1886. — 1 vol. grand in-8°.

Arabes et Kabyles (Questions algériennes). — Paris, 1891. — In-18 jésus.

Causeries du Besacier. Mélanges pour servir à l'histoire des pays qui forment aujourd'hui le département de l'Oise (Picardie méridionale. — Nord de l'Ile-de-France). — 1re série, Paris, 1892 ; — 2e série, Paris, 1895. — 2 vol. in-12.

Note sur quelques Lécythes blancs d'Erétrie (Extrait des *Mémoires des Antiquaires de France,* Paris, 1893, in-8°.

Mémoires et documents pour servir à l'histoire du département de l'Oise. — Paris, 1895. In-8°, fig.

Notes et documents pour servir à l'histoire d'une famille picarde au moyen âge. — La maison de Caix, rameau-mâle des Boves-Coucy. — Paris, 1895. — Gr. in-8°.

Anne de Russie, reine de France, comtesse de Valois. — 2e édit., Paris, 1896, fig.

La France avant l'histoire et la Gaule indépendante. — La Gaule romaine. — 2 vol. gr. in-8°. — Nombr. cartes et figures (en collaboration avec Albert Lacroix). — Paris, 1900 et 1901.

Les Sibylles d'Anvers. — Caen, 1902. — In-8°, planches.

Le Mausolée des Puget à Senlis. — Paris, 1903. — In-8°, planche.

Le Temple de la forêt d'Halatte et ses ex-voto. — Caen, 1907. — In-8°, planches.

« Belgicismes ». — Anvers, 1911. — In-8°.

Les Archives et les Livres de raison des Brossard des Ils. — Caen, 1912. — In-8°.

Vieux Manoirs et Gentilshommes bas-normands. — *Promenades historiques dans le Val d'Orne.* — Caen, 1914, — Gr. in-8°. 70 figures,

Guerre de 1914. — *La Marche sur Paris de l'aile droite allemande.* — *Ses derniers combats* (Verberie-Senlis.) 26 août-4 septembre 1914. — Trois cartes. — Paris, 1915. — (7e édition en 1916). — Etc., etc.

COMTE DE CAIX DE SAINT-AYMOUR

MÉMOIRES

ET

DOCUMENTS

POUR SERVIR A L'HISTOIRE DES PAYS

QUI FORMENT AUJOURD'HUI

LE DÉPARTEMENT DE L'OISE

(PICARDIE MÉRIDIONALE - NORD DE L'ILE DE FRANCE)

SECONDE SÉRIE

PARIS
LIBRAIRIE ANCIENNE H. CHAMPION
ÉDOUARD CHAMPION
5, QUAI MALAQUAIS, 5

1916

Avant-Propos

Bien que ce modeste volume ne mérite guère l'honneur d'une préface, même émanant de son auteur, je demande la permission de dire ici quelques mots personnels.

Depuis plus d'un demi-siècle je m'occupe de l'histoire de « ma petite patrie », c'est-à-dire des pays du nord de l'Ile-de-France où je suis né, et du sud de la Picardie d'où je tire mon origine. Je tiens à cette région par toutes les fibres de mon cœur, par toute la douceur de mes souvenirs, et il n'y a pas de jour où, rêvant à ce que j'ai été et à ce que j'aurais voulu être, je ne revoie en pensée le clocher au pied duquel j'ai ouvert les yeux.

Une des joies de ma vie a été de m'occuper du passé de cette petite région, si intéressante d'ailleurs par le rôle qu'elle joua dans l'histoire de notre France dont elle devint le centre politique après en avoir été la frontière défensive contre la Germanie depuis le XVIe siècle.

J'ai publié sur ce pays une vingtaine de brochures et une dizaine de volumes. Si j'ajoute une quantité notable d'articles historiques parus dans les journaux locaux, quelques fouilles fructuenses, telles que celles du « Temple d'Halatte », et de nombreuses communications faites aux diverses sociétés savantes, je puis me rendre le témoignage d'avoir apporté une utile contribution à l'étude du passé de mon coin provincial. Lors même que j'ai imprimé ou écrit, dans ma longue carrière d'érudit solitaire, des ouvrages d'un intérêt plus général, ils se rattachaient presque toujours à quelque épisode ou à quelque personnage appartenant à l'histoire du pays d'entre France et Picardie.

Tout cela — je n'ai pas besoin de le dire — a partagé le sort de presque toutes les publications sur les provinces, c'est-à-dire que mes humbles travaux ont eu peu de lecteurs, et qu'ils n'ont pas échappé aux « démarqueurs », lesquels, à l'occasion, pillent volontiers ces sortes de livres pour s'en servir dans des œuvres de seconde et de troisième main destinées au grand public.

Le présent ouvrage n'aura sans doute pas d'autre accueil. Néanmoins, il ne sera peut-être pas le dernier que je publierai sur les « marches franco-picarde », si le temps et la santé me sont accordés. Pour ne parler que d'œuvres terminées, j'ai, prêts à paraître, deux autres volumes de mes « Causeries du Besacier », dont l'impression a été interrompue par la guerre, et dont les deux premiers parus il y a vingt ans, ont eu une notoriété plus grande que je n'avais osé espérer, puisqu'ils m'ont donné le surnom que j'ai gardé comme pseudonyme et sous lequel beaucoup me connaissent, et qu'un de ces « démarqueurs » dont je parle plus haut, m'a fait l'honneur d'attribuer ces Causeries à Sauval, le vieil historien de Paris. Trois autres ouvrages complètement achevés attendent également la paix pour être mis sous presse ; je voudrais même vivre encore assez longtemps après cette paix victorieuse, pour clore ma carrière de « besacier » par un livre en l'honneur du passé de ma petite cité natale, Senlis, et de ses environs immédiats, si éprouvés par la tourmente actuelle et sur lesquels j'ai réuni tant de documents et de souvenirs.

Ce n'est donc pas un adieu que je dis ici à ceux de mes compatriotes qui ont bien voulu s'intéresser à mes études. Si la vieillesse — qui jusqu'ici s'est montrée clémente envers moi — me le permet; si surtout certains encouragements ne me font pas défaut, j'essaierai de tirer encore de ma « besace » quelques miettes d'histoire et de faire revivre quelques bribes de ce passé qui est, comme l'a dit un académicien, Désiré Nisard, « ce qu'il y a de plus vivant dans le présent ».

I

L'ÉGLISE SAINT-RIEUL DE SENLIS

ET

LE MARQUIS DE VILLETTE

L'Église Saint-Rieul de Senlis

ET

le Marquis de Villette

I

Quelque peu d'intérêt que présente à première vue l'histoire d'un cens de quelques livres à payer par un seigneur quelconque à un établissement religieux, on me permettra de consacrer quelques pages à une redevance de ce genre due à notre église Saint-Rieul de Senlis, au XVIIIe siècle, par Charles-Michel, marquis de Villette, l'ami et le protégé de Voltaire, le mari de « Belle et Bonne », dont la vie, aussi aventureuse que « philosophique », après l'avoir fait naître grand seigneur et riche de 50.000 écus de rente, le fit mourir en 1793, conventionnel et « sans culotte. » Le rôle joué par cet original personnage dans notre petite histoire sera mon excuse pour la raconter ici d'après un dossier tiré des Archives du Château de Villette, vendues après la mort du dernier marquis, il y a à peu près une cinquantaine d'années.

Comme seigneur du Plessis-Longueau, de Sarron, de Fontaine-le-Comte, de Bazicourt, des fiefs de Saint-Leu, d'Aridel, etc., et engagiste de la Châtellenie royale de Sacy-le-Grand, le marquis de Villette avait à payer plusieurs redevances à des établissements religieux, notamment aux curés de Villette et de Sarron, à l'abbaye de Saint-Corneille de Compiègne, aux religieux de Saint-Leu-d'Esserent, aux prêtres Lazaristes du Séminaire de Beauvais, aux dames de la Congrégation de Notre-Dame établies à Compiègne, au Chapitre de la Cathédrale de Noyon, enfin aux églises Saint-Samson de Clermont et Saint-Rieul de Senlis. Plusieurs de ces redevances avaient des origines quelque peu nébuleuses et lointaines. C'était naturellement de belles occasions de procès que ne manquèrent pas de saisir les seigneurs du Plessis, prédécesseurs des Villette, et il nous reste de volumineuses procédures échangées notamment avec les chanoines de Noyon et les Dames de Compiègne, qui nous montrent l'acharnement avec lequel chacun défendait ses intérêts.

Pour le cens dû à l'église Saint-Rieul, on se contenta de menaces du côté du créancier et de résistance passive du côté du débiteur, et l'on finit par s'entendre. Il est vrai que la redevance dont il s'agissait était extrêmement minime et que, de plus, elle était venue à la fabrique Saint-Rieul à une époque très récente. Toute contestation judiciaire était donc aussi impossible qu'inutile.

C'est seulement, en effet, par son testament passé devant Raimbures, notaire à Senlis, le 15 novembre 1741, que damoiselle Agnès le Grand, veuve de Me Claude Havé de Vaudargent, avocat au Parlement, demeurant en cette même ville, léguait à la fabrique Saint-Rieul neuf quartiers de blé, bon méteil, ou quatre mines de blé méteil et deux mines d'avoine, qui lui étaient dues sur diverses pièces de terre sises à Sarron. Le tout devait être rendu et mesuré à Pont-Sainte-Maxence.

Ce surcens faisait partie des reprises matrimoniales d'Agnès le Grand, veuve en premières noces de Philippe Favier.

Primitivement, une mine de blé était due par un sieur Hérault à Messire Jean Favier, prêtre et chanoine de Saint-Rieul, aux droits de M. Du Retz, conseiller. Une mine et demie était payée aux héritiers de Messire Philippe Favier, et une autre mine et demie était due à D[lle] Jeanne Barthélemy, fille, par Charles Temps et Hector Aussonne. Cette dernière redevance fut rachetée à M. Pelletier, héritier de la D[lle] Barthélemy, le 19 avril 1748, par acte passé devant Lasnier, notaire à Pont-Sainte-Maxence.

Par suite de changement de propriétaires des biens chargés à l'origine de cette redevance, elle était, au moment où Mme de Vaudargent la léguait à Saint-Rieul, divisée entre de nombreux débiteurs : Jacques Hérault et Jacques Floury, du Plessis ; Florent de Monchy, Rieul de Monchy, à cause de Maxence

Fouques, sa femme ; Louis Delattre, de Bazicourt, et Guillaume Le Cas, tous deux aux droits des Beugnets ; Louis Gattée, etc.

Le dernier titre concernant ce surcens datait du 8 novembre 1724, et résultait d'un acte passé devant Me Prescheur, notaire à Pont-Sainte-Maxence.

Lors de la donation faite à Saint-Rieul, la seigneurie de Sarron était déjà entre les mains de M. Pierre-Charles de Villette qui l'avait achetée dix ans auparavant, de M. Jean-Baptiste Coustard, conseiller au Parlement. Le nouveau seigneur de Sarron se trouvait devoir à Saint-Rieul, comme représentant de Guillaume Le Cas, Charles Le Sueur et consorts, la moitié d'une demie mine de blé et la moitié de trois quartiers d'avoine, dont l'autre moitié était due d'abord par Louis Gattée, puis par Nicolas de Monchy, dont M. de Villette se rendit encore acquéreur avant sa mort.

Tout cela faisait annuellement une bien petite somme. La redevance paraît, d'ailleurs, avoir été payée sans observation par M. de Villette, et par les mains de ses hommes d'affaires, jusqu'aux années 1761 et 1762. Nous avons des reçus à partir de 1744.

Le moindre inconvénient de ces minimes redevances était d'être insupportables. Il fallait penser — en allant à Senlis — à solder ces misérables 4 livres 5 sols — c'est ce qu'on paie en 1748 et 1749 pour « l'appréciation » de la mine de blé et des 3 quartiers d'avoine dont M. de Villette devait alors la moitié !... Il fallait, de plus, trouver le marguillier en charge pour avoir son reçu ; se mettre d'accord avec lui sur la transformation en argent de la redevance stipulée en nature, et pour cela apprécier la valeur des grains, valeur qui variait constamment, et qui, pour la mine de blé par exemple, oscillait souvent entre 3 et 5 livres ; enfin, il fallait calculer ce que valait le minot qui était environ les 2 cinquièmes (et demi) de la mine.....[1] C'était un odieux assujettissement. Aussi payait-on presque toujours très irrégulièrement et plusieurs années à la fois.

[1] L'estimation devait se faire d'après les prix du marché de Senlis qui se tenait le premier mardi après le 11 novembre, date de l'exigibilité de la redevance.

Ajoutez à cela que lorsqu'un établissement religieux avait en face de lui, parmi les débiteurs d'une minuscule redevance comme celle-là, un riche seigneur comme M. de Villette, il trouvait tout naturel de le rendre plus ou moins responsable, moralement, du paiement de ses co-débiteurs. Sous peine de passer pour un malotru ou pour un parpaillot, il lui fallait donc rechercher entre quelles mains étaient passées les parcelles débitrices, courir après les héritiers des consorts décédés, avancer le plus souvent le paiement pour les autres et se faire rembourser comme il pouvait — c'est-à-dire bien souvent ne pas se faire rembourser du tout — les avances faites.

Bientôt, d'ailleurs, la dette de M. de Villette vis-à-vis de Saint-Rieul augmenta. Il achetait, en effet, constamment des terres et arrondissait sans cesse son domaine avec l'arrière-pensée de le faire bientôt ériger en terre titrée. Aussi le voyons-nous, le 11 septembre 1754, payer entre les mains de l'avocat Lequoy, alors marguillier en charge, pour quatre années échues (1750 à 1753), l'énorme somme de 47 livres 19 sous 3 deniers. Cela ne faisait pas encore tout à fait 12 livres par an !

En 1760, autre paiement de 61 l. 11 s. 4 d. pour six années, de 1754 à 1759 inclus. Cette fois, c'était un peu plus de 10 livres par annuité.

Enfin, le 30 juin 1766, payement des quatre dernières années échues et le 5 avril 1767, soldé pour l'année 1766.

Le paiement exact de ce qui leur était dû n'était pas, d'ailleurs, la seule exigence des marguilliers de Saint-Rieul.

On se souvient que le dernier titre authentique consacrant la redevance à payer remontait à l'année 1724, et ce titre ne s'appliquait même pas à la fabrique de Saint-Rieul, mais à la donatrice qui lui avait légué cette redevance près de vingt ans plus tard, c'est-à-dire en 1741.

Les marguilliers étaient donc fort désireux d'obtenir pour leur église une reconnaissance précise des débiteurs, ce que l'on appelait alors un « titre nouvel ».

Plusieurs fois des démarches avaient été faites dans ce but.

Dès 1751, par un exploit en date du 11 juin, les curé, marguilliers et paroissiens avaient demandé un « titre nouvel » à

Nicolas de Monchy, laboureur au Plessis-Longueau, l'un des co-débiteurs. L'affaire paraît en être restée là.

Il est probable que des démarches, sous une forme moins comminatoire, furent également faites vis-à-vis de M. de Villette, mais nous n'en trouvons aucune trace avant 1764.

Le 16 décembre de cette année, M. Buhot, conseiller honoraire en l'élection de Senlis, et alors marguillier en charge de Saint-Rieul, écrivait à M. Bertambois, notaire royal à Pont-Sainte-Maxence, qu'apprenant que M. de Villette venait de lui « donner sa confiance pour la conduite de ses affaires », il le priait d'avertir le marquis de la résolution du chapitre, et de lui demander « de vouloir bien donner des ordres pour passer ce titre nouvel le plus tôt que sa commodité le lui permettrait .»

Mais le notaire Bertambois, n'était que le receveur, le caissier du marquisat récemment érigé ; l'intendant effectif de Villette était alors M. de Cormeille, et c'est lui qui répondit à M. Buhot le 8 février suivant (1765), pour lui faire remarquer que M. de Villette ne devait qu'une partie du surcens et qu'il allait « avertir les coobligés, afin de passer le titre » en question.

Le 18 février, M. Buhot répond à cette lettre, en remerciant M. de Cormeille. « Je ne ferai, — ajoute-t-il — aucune poursuite dès lors que vous êtes dans la disposition de m'accorder la justice que je vous demande ; je vous prie, de plus, de ne vous point précipiter, et d'attendre la belle saison pour faire cette opération. Je veux avoir pour M. de Villette tous les égards et tout le respect qui lui sont dus... »

Malgré ces phrases pleines de courtoisie, on voit qu'il y avait eu des menaces précédemment, puisque le marguillier fait allusion à des poursuites possibles.

Quoi qu'il en soit, l'affaire continua à traîner, suivant l'usage. M. Buhot avait, du reste, imprudemment ouvert la porte à de nouveaux retards, en écrivant à M. de Cormeille d'attendre la belle saison pour en terminer.

Un événement inattendu allait, d'ailleurs, modifier quelque peu la situation et amener de nouveaux atermoiements et de nouvelles démarches.

II

Le 27 avril suivant 1765, Pierre-Charles, premier marquis de Villette, mourut en sa maison de Montretout, près Saint-Cloud-lez-Paris, et la redevance à payer à Saint-Rieul passa, naturellement, avec le marquisat, à son fils unique, le futur conventionnel, alors âgé de vingt-neuf ans.

Charles-Michel de Villette avait eu une jeunesse fort orageuse. Il venait précisément, quelques mois auparavant, à la suite d'une fâcheuse aventure, d'être chassé par son père, et il s'était réfugié auprès du patriarche de Ferney qui, dans une lettre du 22 mars 1765, plaidait sa cause auprès du marquis. Nous ignorons ce qu'il advint de cette tentative de réconciliation ; tout ce que nous pouvons dire, c'est que le jeune Villette était encore à Ferney le 16 avril et qu'il ne semble être arrivé à Paris que dans les premiers jours de mai. Il n'assista donc pas aux derniers moments de son père, mort comme nous venons de le dire, le 27 avril à Montretout, et ne put recevoir son pardon.

Tout cela devait se savoir et on comprend que le nouveau marquis n'eût pas à Senlis la réputation d'un homme bien sérieux et bien recommandable, et n'inspirât pas une grande confiance aux braves marguilliers de Saint-Rieul. Cependant, devant la mort, ils firent taire leurs réclamations et patientèrent un temps convenable. Ce n'est, en effet, que le 7 juin 1766, que nous apprenons par une lettre de M. Buhot à M. de Cormeille que rien n'était encore terminé et qu'il était dû alors quatre années de la redevance, soit 1762, 1763, 1764 et 1765. La lettre est encore très polie, mais on sent néanmoins que la demande devient plus pressante. On avertit M. de Cormeille que la fabrique charge M. Desprez de la Rézière, qui demeurait à Pont ou dans le voisinage, lequel « aime à rendre service et est très judicieux », de régler cette petite affaire et de toucher les quatre années en retard.

Les quatre années furent payées, mais le « titre nouvel » fut encore ajourné sous prétexte que le nouveau marquis « n'avait pas encore pris qualité dans la succession de Monsieur son père ».

Croyant cet obstacle levé quelques mois après, M. Buhot écrit de nouveau le 20 septembre suivant 1766 à M. de Cormeille, demandant formellement, cette fois, l'indication d'un jour et d'un notaire chez lequel on passerait le nouveau titre.

A cette demande péremptoire, il ne fut fait aucune réponse et cinq semaines après, M. Buhot cessait ses fonctions de marguillier en charge, dont la durée était de deux ans.

La patience des marguilliers — et aussi, paraît-il, celle des paroissiens de Saint-Rieul, — était à bout. Aussi, dans deux assemblées de la fabrique, tenues au printemps de 1767, résolurent-ils d'agir avec plus d'énergie. Cependant, comme il était vrai que M. de Villette n'avait pas encore « pris qualité » dans la succession de son père, et que ce prétexte justifiait l'ajournement de l'acte demandé, M. Dessouslemontier, ancien officier des Gardes du corps du roi, chevalier de Saint-Louis et capitaine de cavalerie, qui avait remplacé M. Buhot, essaya encore de la douceur. Le 4 avril, il s'adressait à M. de Cormeille pour demander que le marquis voulût bien lui écrire lui-même « en marquant précisément (d'une manière précise) qu'il s'oblige de passer titre dudit surcens, dès qu'il aura pris qualité dans la succession de Monsieur son père..... J'estime, — ajoutait le marguillier — qu'il n'y a que cette seule voye qui puisse donner plus de tems à Monsieur de Villette de se reconnoistre... »

Un mois auparavant, les 7 et 9 mars, M. Dessouslemontier avait écrit deux lettres officielles adressées directement au marquis de Villette pour lui réclamer l'année échue le 11 novembre précédent. Pourquoi deux lettres à deux jours d'intervalle, et adressées toutes deux au marquis, au château de Villette où l'on savait qu'il n'était pas ? Tout cela sentait la mise en demeure. On commençait décidément à se fâcher.

La redevance, d'ailleurs, continuait à être payée assez régulièrement, comme le témoignent encore deux reçus, l'un du 1er janvier 1768, signé à Saint-Martin-Longueau par un sieur P. Dupressoir, reconnaissant qu'il a reçu du sieur de Cormeille 4 l. 10 s. pour quatre années de censive, échues à Saint Martin d'hiver et à Noël précédents ; l'autre signé à Senlis le 9 avril suivant par M. Dessouslemontier lui-même et concernant le blé et l'avoine dus. Dans ce dernier reçu, le marguillier en charge a soin de rappeler que le marquis doit passer titre nouvel dudit surcens.

En effet, sur ce point on n'avançait guère, et la fabrique, reculant sans doute devant les frais d'un procès pour une cause aussi minime, se heurtait toujours au mauvais vouloir du marquis et de ses agents. Maintenant, M. de Cormeille se dérobait en demandant à l'adversaire de déterminer exactement sur quelles pièces de terre étaient assis le surcens et quels étaient les autres débiteurs.

Aussi, le 12 mai 1767, M. Dessouslemontier écrivait-il une dernière fois à l'intendant de Villette lui demandant le paiement de l'année 1767 et réclamant une fois de plus le titre nouvel promis. « ...Nous sommes tous persuadés, disait-il, qu'il ne dépend que de vous, Monsieur, d'amener Monsieur le Marquis au point de nous donner cette satisfaction, sans qu'il soit besoin d'en venir aux voyes de rigueurs que nous avons bien voulu lui épargner jusqu'à présent, par la considération que nous avons pour lui : car, si vous vouliez bien nous l'avouer tout franchement, vous estes fort instruit sur quelles pièces de terre ce surcens est estably, de même que vous n'ignorez pas non plus quels sont les sollidaires (*sic*) ; ainsi, croyez-moi, amenez Monsieur le Marquis de Villette au point désiré... »

Le brave M. Dessouslemontier s'illusionnait beaucoup en s'imaginant que le sieur de Cormeille était en état « d'amener » son maître « au point désiré ». Il ne connaissait pas Charles de Villette. Cependant sa lettre, cette fois franchement comminatoire, mit fin à cette trop longue négociation.

Nous en avons la preuve dans une dernière lettre de M. Dessouslemontier à M. de Cormeille, à la date du 30 juin 1768. Cette lettre nous apprend qu'on était enfin d'accord et qu'on attendait à Senlis l'intendant de Villette muni de pouvoirs pour signer la minute de l'acte en question. Nous pensons que cette signature eut lieu peu après, puisque nous ne trouvons plus trace de difficultés. Une lettre de M. Desmaretz, président de l'élection de Senlis et successeur comme marguillier en charge de M. Dessouslemontier, lettre demandant le 1er août 1770 le paiement des redevances de 1768 et 1769, montant ensemble à 30 l. 7 deniers, ne fait plus aucune mention de cette réclamation qui tenait à cœur depuis si longtemps aux fabriciens et aux paroissiens de Saint-Rieul. Nous pensons donc qu'ils avaient reçu pleine satisfaction.

Depuis ce moment, la redevance paraît avoir été régulièrement payée; nous en avons les reçus pour les neuf années de 1780 à 1788. Ces reçus sont donnés à M. Le Clerc, notaire royal à Pont et receveur du Marquisat. Ils sont tous datés de Senlis et signés par les marguilliers en charge successifs de cette période : MM. de Lépine, Le Clerc du Port, Basset-Duval, de Charneux et Cusset de Saint-Germain.

III

A partir de 1789, les reçus font défaut. La nuit du 4 août était venue balayer tous les droits féodaux et le marquis « philosophe » devenu bientôt membre de la Convention, sous le nom de « Charles Villette, citoyen de Paris », était trop imbu des idées nouvelles pour se soumettre à une obligation qui sentait la « superstition » et l'ancien régime, surtout quand il s'agissait, pour si peu que ce soit, de mettre la main à la poche. Ses fredaines de jeunesse et, depuis, ses dépenses exagérées avaient toujours fait de lui un riche malaisé; il était obéré, et il n'y a pas de petites économies. D'ailleurs, il avait autre chose à faire qu'à s'inquiéter du surcens de Saint-Rieul. Les événements politiques, le soin de sa santé délabrée lui donnaient d'autres soucis.

Il ne faudrait pas croire, cependant, que le surcens de Sarron fut perdu pour tout le monde. Il était bien *supprimé* pour la fabrique Saint-Rieul, mais il n'était pas *éteint*.

Les histoires générales nous disent qu'à la nuit du 4 août, les redevances féodales furent supprimées. On s'imagine, sur la foi de cette facile synthèse, qu'elles disparurent complètement et qu'il n'en fut plus question. C'est une erreur qui se trouve démentie quand on entre dans le menu détail des faits. Ici, comme presque toujours, la petite histoire qui dépouille les documents et n'admet que des précisions, vaut mieux que la grande qui se contente trop souvent de vues d'ensemble et de vagues affirmations. Oui, il est parfaitement exact que le clergé et la noblesse, au 4 août 1789, votèrent d'enthousiasme la suppression de leurs privilèges et de leurs redevances, c'est-à-dire qu'ils y renoncèrent en ce qui les concernait. Mais, ce que l'on sait moins, c'est que l'Etat, qui, à cette époque comme aujourd'hui, aux temps révolutionnaires comme sous l'ancien régime, a toujours eu les ongles crochus et la conscience élastique, se considérait comme l'héritier légitime de certaines de ces redevances que le clergé et la noblesse renonçaient à toucher.

Quand les débiteurs de ces redevances féodales avaient disparu dans la tourmente, la Nation était bien obligée de renoncer à ses prétentions : là où il n'y a plus rien, dit le proverbe, le Roi — ou la République — perd ses droits. Mais lorsque, pour une raison quelconque, ces débiteurs avaient survécu et conservé leurs biens plus ou moins diminués, le domaine arrivait et les invitait poliment à racheter ces redevances en les capitalisant au plus haut prix possible. C'est ce qui arriva pour le minime surcens dont il s'agit ici.

La fille adoptive de Voltaire, Mademoiselle Rouph de Varicourt, « Belle et Bonne », femme de Charles de Villette, devenue depuis 1793 « la veuve Villette » — elle signera ainsi jusqu'à la Restauration — avait, bien entendu, grâce aux antécédents de son mari et au souvenir du patriarche de Ferney, traversé sans encombre la période révolutionnaire. Elle avait presque toujours séjourné à Villette, s'occupant uniquement de la gestion de ses biens et de l'éducation de son fils, Charles-Voltaire de Villette, le dernier marquis de ce nom, que les plus âgés d'entre nous ont encore connu. Riche et portant très dignement d'ailleurs, un nom qui appartenait à l'histoire de la Révolution et qui avait protégé sa vie et sa fortune, elle était tout naturellement désignée à la rapacité des agents du fisc.

Aussi, voyons-nous que le 1er germinal an XI — répondant au 22 mars 1803 — la rente foncière de trois minots de blé méteil et trois quartiers d'avoine, dus sur la terre de Villette, fut rachetée par acte passé devant Le Clercq, notaire à Pont. Le remboursement en fut fait — je copie le compte rendu par le receveur le 15 prairial an XI — « au citoyen Champion, représentant le domaine, qui lui-même représentait l'église Saint-Rieul de Senlis. Ce remboursement s'est monté en principal, rata (sic) et frais, à deux cent cinquante six livres dix-neuf sols. » Comme on le voit, l'agent du fisc n'oublia rien, pas même le « rata ».

Notre surcens de Saint-Rieul nous donne donc une petite leçon d'histoire — et ce sera mon excuse pour en avoir parlé si longuement. Il nous apprend une fois de plus que rien ne se perd, que les choses supprimées pour les uns ne sont pas abandonnées par les autres, que depuis Louis XIV, l'Etat, quel que soit son nom, qu'il s'appelle le Roi, l'Empereur ou la République, est toujours enclin à tout prendre, et qu'enfin, qu'il s'agisse de milliards ou de sous et deniers, il n'y a rien de nouveau sous le soleil.

II

LES TROIS JEAN DE CRESPY

Clercs royaux au XIVe Siècle

Les Trois Jean de Crespy

Clercs royaux du XIVe Siècle

Par un hasard assez singulier, on trouve au XIVe siècle trois personnages du nom de Jean de Crespy, lesquels ont joué un rôle assez considérable dans la haute administration française pendant une période qui a commencé vers l'année 1308 pour finir soixante-dix ans plus tard.

I

Le premier en date de ces Jean de Crespy était chanoine de Senlis ; mais le titre qui, pour lui, prime tous les autres, est celui de « clerc du Roi ». C'était, en effet, un de ces fonctionnaires de robe dont aimait à s'entourer Philippe le Bel, le premier de nos rois qui ait érigé en système l'organisation d'un gouvernement et d'une administration dont la noblesse féodale était exclue. Jean de Crespy, « clerc du roi » et chanoine de Senlis, fut, de 1308 à 1311 (?) surintendant des biens des Juifs et trésorier dans la Sénéchaussée de Toulouse et de Carcassonne, ainsi qu'en témoignent un certain nombre d'ordres de paiement conservés aux manuscrits de la Bibliothèque Nationale [1].

On sait que Philippe le Bel, toujours à court d'argent et peu scrupuleux sur les moyens de s'en procurer, perfectionna, s'il n'en fut pas l'inventeur, le système fiscal qui consistait à chasser les Juifs en saisissant leurs biens et en vendant leurs

[1] Fonds Français, T. 25.697, pièces nos 35 — 38, 40, 42, 44, 46, 47, 49 — 52, 54, 56, 57, 60, 61, 64 ; — F. Fr. 27.413 (Dossier 20.492), pièces 2 et 3.

2

immeubles, puis à leur permettre de rentrer dans les domaines royaux en leur faisant racheter fort cher et à beaux deniers comptants, l'annulation de l'ordonnance qui les exilait. Cela avait eu lieu une première fois en 1291. Quinze ans après, la même mesure fut prise dans un grand mystère, afin d'empêcher le plus possible les Israélites de mettre leurs richesses à l'abri, et un ordre secret, exécutoire non plus seulement dans les domaines directs du Roi, mais encore sur les terres de ses vassaux, organisa l'expulsion et la confiscation de tous les Juifs de France, sans exception ni réserve d'aucune sorte.

Cette ordonnance spoliatrice eut d'abord pour exécuteur à Toulouse, le fameux Guillaume de Nogaret qui arriva dans cette ville à la fin de juillet 1306, en compagnie de Jean de Saint Just, chantre d'Albi, membre de la Chambre des Comptes. Il s'agissait avant tout, en effet, d'une mesure fiscale, et l'intervention d'un homme de finances s'imposait. Tous les Juifs furent donc inopinément arrêtés et leurs biens saisis. Dès le 20 novembre, les ventes commencèrent et se succédèrent assez rapidement. Mais Nogaret et Saint Just ayant été rappelés et remplacés par trois habitants de Toulouse, peut-être plus accessibles à la pitié et aux influences locales, le Roi trouva bientôt que les résultats de cette spoliation violente étaient moins fructueux qu'il l'avait d'abord espéré. « De nombreux faits de recel étaient découverts malgré une ordonnance qui édictait des poursuites contre les recéleurs et une autre qui enjoignait aux acquéreurs de rendre au Roi les trésors cachés qui se trouvaient dans les maisons vendues. Afin de donner à la recette une impulsion plus vigoureuse, Philippe le Bel expédia à Toulouse un officier spécialement chargé de tenir la main à l'exécution des ordonnances. Jean de Crespy, chanoine de Senlis, fut investi de cette commission le 30 décembre 1307. » [1]

Pendant quatre ans, Jean de Crespy présida à la fructueuse besogne que lui avait confiée son maître, et il ne quitta le

[1] Le texte de cette commission est conservé aux Archives Nationales (J. 1030, n° 5). GUSTAVE SAIGE : *Les Juifs du Languedoc antérieurement au XIV° siècle.* Paris (Picard) 1881. p. 95. — La première partie de cet ouvrage a paru d'abord dans la *Bibliothèque de l'École des Chartes*, tomes XXXIX et XL.

Languedoc que lorsqu'elle fut terminée et lorsque les écoles et la synagogue de Toulouse eurent été vendues. Nous le voyons adjuger à un nommé Guillaume Azémar, d'accord avec Nicolas d'Ermenonville, le 9 décembre 1310, le temple israélite « désaffecté » par suite du départ des derniers juifs.

Ce Nicolas d'Ermenonville, trésorier de Toulouse, avait été adjoint à Jean de Crespy pour ces dernières opérations. Son nom paraît indiquer que c'était un compatriote de Jean de Crespy que celui-ci avait fait entrer dans son administration [1].

La besogne semblait donc terminée. Néanmoins Jean de Crespy resta dans le midi, au moins jusqu'au milieu de l'année suivante, car le dernier acte que nous le voyons accomplir en Languedoc est une vente d'immeubles, en juin 1311, à Pairé, près Auch (JJ. 46, nos 179, 180).

II

Si le premier Jean de Crespy nous transporte en Languedoc où paraît s'être concentrée sa vie administrative, le second personnage de ce nom nous ramène en Normandie, où il est Trésorier du Roi dès l'année 1344. Voici l'ordre de paiement de cette année où nous trouvons d'abord son nom, ainsi que celui d'un personnage dont je me suis déjà occupé ailleurs [2] et qui a joué un rôle bien plus important, le fameux Pierre de Cuignières :

Jehan de Crespy, Trésorier du Roy nostre Seigneur, Au vicomte de Roen, salut. Nos Seigneurs de la Chambre des Comptes estans à Roen / pour les comptes de Pasques l'an mil CCCXLIIII ont ordené que l'on paie à plusieurs personnes certaine somme d'argent; si / vous mandons que ausdites personnes nommées ou Roulle parmi lequel ces présentes sont annexées, vous paiez et délivréz les / sommes exprimées en icelui Roulle, avec la somme d'argent qui demandée vous sera par Monseigneur Pierre de Cuignières / en prenant d'eulx lettres de quittance de ceu que vous leur paierez, parmi laquelle rapportant ces présentes, nous le vous ferons / alouer en vostre compte de l'imposition de IIII

[1] La Commission de Nicolas d'Ermenonville est conservée aux Archives Nationales à la suite de la pièce concernant cette vente (JJ. 46, p. 178, 179).

[2] *Causeries du Besacier*, tome II.

deniers pour livre et déduire de vostre recepte. Donné à Roen, le XXIIIe jour d'avril l'an dessusdit [1].

Cette pièce est scellée d'un sceau rond en cire rouge d'un diamètre de 20 millimètres, portant dans un quadrilobe un écu au sautoir engrêlé accompagné en chef d'une tête d'homme nue et de profil tourné vers la gauche. Cet écu est penché et timbré d'un heaume.

Légende circulaire : S. JEHAN DE CRESPI.

La pièce suivante du même manuscrit (n° 5) est un autre ordre de paiement du même Jean de Crespy, en qualité de trésorier du Roi, au vicomte de Bayeux. Cet ordre est daté de Paris le 2 avril 1345 ; il porte le même sceau sur lacs de parchemin.

Dans la collection Clairembault se trouve une pièce un peu antérieure en date, émanant du même Jean de Crespy. C'est un ordre donné de Paris le 10 février 1345 au receveur de Toulouse de compter 300 livres à l'abbé de Coulombs, envoyé en Espagne par le Roi [2]. Cette pièce est scellée d'un sceau à peu près pareil à celui décrit ci-dessus et donné par Demay dans son Inventaire [3].

III

Trente années plus tard, nous retrouvons un troisième Jean de Crespy qui, en 1376, est « clerc notaire » du Roi et secrétaire de Louis, frère du Roi, son lieutenant en Languedoc, duc d'Anjou, de Touraine et comte du Maine.

C'est ce que nous apprend une pièce donnée par ce prince, à Toulouse, le 18 février de cette année 1376, ordonnant à son receveur de Carcassonne, Ambrosin Beth, de payer audit Jean de Crespy, sur les recettes du subside de deux francs par feu, à lui octroyé par le roi au mois de décembre précédent, la somme de quarante francs d'or « tant en recompensation des

[1] BIBL. NAT. Mss F. Français 27413 (*Pièces orig.* 929; *dossier* 20.492, *pièce* 4).

[2] *Coll. Clairembault*, reg. 212, p. 9429.

[3] *Inventaire des Sceaux de la Collection Clairembault*, n° 2969.

frais et despens » que son dit secrétaire « a fais en venant de Paris à Toulouse par devers nous et de nostre exprès commandement comme en rémunération d'un sien cheval qu'il a perdu audit voyage...[1] »

Trois autres pièces suivent celle-là dans le Manuscrit Fonds Français 27413 et concernent le même Jean de Crespy.

La première (pièce 7) est le reçu des susdits quarante francs d'or, en date du 13 mars 1376. Cette pièce est signée et probablement autographe de Jean de Crespy. Elle est également munie de son sceau sur cire rouge.

Ce sceau rond a 20 millimètres de diamètre. Il porte pour armorial dans un quadrilobe un écu de....., à la bande de....., accompagné de deux coquilles de.....

Cet écu est sommé d'une tête de face et accosté de deux chimères ailées à tête humaine de profil et affrontées.

Lég. : S. JEHAN DE CRESPI.

La seconde pièce (pièce 8), datée à Poitiers du 25 juillet 1377, est un autre ordre de paiement du duc d'Anjou à son trésorier Ambroisin Beth, lui enjoignant de donner à Jean de Crespy la somme de cent cinquante francs d'or, à prendre sur sa recette générale. Cette libéralité est expliquée dans l'acte, non seulement par les bons et agréables services rendus au duc par son fidèle secrétaire, mais aussi « pour le récompenser des pertes de chevaux qu'il soustint pour nostre service, si comme nous sommes plainement enfourmés, ou derrain voyage que nous féismes de Langue d'Oc à Paris, et aussi pour le proveoir de ses despens à retorner devers nous ou dit païs de Langue d'Oc environ la Toussaint prochaine, si comme nous li avons chargié le faire... »

On remarquera ces nouvelles « pertes de chevaux »; décidément notre pauvre clerc n'avait pas de chance avec sa « cavalerie ».

La troisième pièce de notre manuscrit (pièce 9), datée du 5 novembre 1377, est le reçu de ces 150 francs d'or. Jean de Crespy, suivant les instructions de son maître, était alors de retour en Languedoc. Ce reçu paraît de la main même

[1] F. Fr., manuscrit cité, pièce 6.

du personnage et il porte sa signature. Il est confirmé par son scel sur lacs de parchemin, semblable à celui qui est appendu à la pièce 7.

Ce sceau nous prouve bien, en dehors de l'argument que l'on peut tirer de la diversité des fonctions, que nous sommes ici en présence d'un troisième Jean de Crespy, tout autre que le Trésorier de Normandie de 1344 et 1345. A défaut des dissemblances des deux écus, l'époque toute différente des deux personnages suffirait, d'ailleurs, à affirmer leur non identité. Au XIVe siècle plus encore que de nos jours, les trente années qui les séparent étaient un « grande aevi spatium », infranchissables à un fonctionnaire royal et ce serait dépasser les bornes de la vraisemblance de prétendre que le Jean de Crespy, trésorier du roi en 1344, est devenu le secrétaire du duc d'Anjou et du Maine en Languedoc, en 1376, et vivait encore en 1410.

Nous avons, d'ailleurs, quelques détails sur la parenté de ce troisième Jean de Crespy. Il appartenait à une vieille famille de bourgeoisie parisienne, probablement originaire de la petite ville dont elle avait tiré son nom. Sa sœur, Jeanne, avait épousé un bourgeois de Paris, appelé Héron et en avait eu, outre deux filles mariées, l'une Jeanne à Pierre de Cerisy, l'autre Germaine à Jean Patart, un fils, Macé Héron qui parcourut une carrière brillante sous le règne de Charles VI. Trésorier des guerres de ce prince et secrétaire du duc d'Orléans, Macé Héron obtint des lettres de noblesse au mois d'août 1406 [1], et devint Trésorier des finances du duc de Berry [2]. La faction bourguignonne étant devenue maîtresse de Paris, Macé quitta cette ville où ses biens furent confisqués et notamment la moitié d'une maison qu'il possédait rue de la Parcheminerie, du chef de sa femme qui était sa cousine germaine, puisqu'elle avait comme lui, pour oncle, Jean de Crespy [3].

Il s'attacha dès lors tout à fait au service du Dauphin qui le fit trésorier général du Royaume [4]. Jeanne « la Héronne », sa

[1] Archives Nationales; JJ. 160, n° 430; KK. 267, fol. 35, v° 63, r°.

[2] Arch. Nat. KK. 250, 252; fol. 186 v°.

[3] SAUVAL : *Antiquités de Paris*, III, p. 314.

[4] *Ordonnances*, t. XXX, p. 33.

mère, qualifiée « poissonnière d'eau doulce, bourgoise de Paris », où elle demeurait sur la paroisse Saint-Séverin, mourut vers l'année 1412, dans un âge assez avancé. Son testament du 20 août 1409, augmenté d'un codicille du 24 juin 1411, nous a été conservé [1] et a été publié par M. Alexandre Tuetey, dans la *Collection de Documents inédits sur l'Histoire de France* [2].

Outre Jean de Crespy, qu'elle qualifie dans son testament de « notaire et secrétaire du Roy nostre sire », Jeanne la Héronne avait pour frère un Laurent de Crespy, religieux de l'ordre des Célestins, qui est seul désigné comme exécuteur testamentaire, avec son fils Macé, dans son codicille, tandis que dans le testament il ne venait qu'après Jean, son frère, dont le nom ne paraît pas dans ledit codicille [3].

Il est donc très probable que Jean de Crespy mourut entre ces deux dates, 20 août 1409 et 24 juin 1411.

IV

Les trois Jean de Crespy dont nous venons de parler avaient-ils entre eux quelque lien de parenté ? Nous ne le croyons pas. Tout ce que nous pouvons admettre, c'est qu'ils tiraient tous trois leur nom de la même capitale du Valois dont ils étaient probablement originaires.

Crépy baptisa, d'ailleurs, presqu'à la même époque, plusieurs autres personnages dont nous avons retrouvé les traces. Nous citerons seulement un Pierre de Crespy, écuyer en 1412 [4] et un

[1] *Bibl. Nat. Mss.*, COLLECTION MOREAU, 1161, fol. 585 r°.

[2] *Mélanges historiques, Choix de Documents*, tome III, p. 484 et suiv.

[3] Jeanne la Héronne avait aussi plusieurs petits-enfants dont elle nomme deux dans son testament : Martin Héron, fils de son fils Macé, et Katherine Patart, fille de Germaine Héron, sa fille.

[4] L'*Inventaire des Sceaux de la Collection Clairambauld* contient (n° 2970) une quittance de gages pour services de guerre de cet écuyer. A cette quittance, du 12 mai 1412, est encore appendu le sceau à *une bande engrelée.* Ce détail indiquerait-il quelque lien de parenté entre Pierre de Crespy, écuyer et Jean de Crespy, son homonyme du XIVe siècle ?

Thibaut de Crespy, lequel cumulait en l'année 1400 les fonctions un peu disparates d'écuyer de cuisine du duc d'Orléans et de verdier de la forêt de Laigue aux gages annuels de 27 livres 7 sous 6 deniers parisis. Il occupait encore cette dernière charge en 1414 [1].

Quoi qu'il en soit de leur origine, il n'en est pas moins singulier de voir trois personnages des mêmes nom et prénom remplir au XIVe siècle des fonctions importantes et analogues. On me pardonnera donc, je l'espère, d'avoir peut-être un peu longuement insisté sur cette trinité de Jean de Crespy, en mettant en garde les érudits, nos confrères, contre des confusions possibles, entre ces trois « clercs », lesquels, comme on vient de le voir, ont joué un rôle assez important pendant plus d'un siècle, dans l'administration des finances royales.

---

[1] Les deux pièces concernant ce Thibaut de Crespy sont en ma possession.

III

RÉDUCTION DU NOMBRE DES NOTAIRES DE SENLIS

EN 1775

Réduction du nombre des Notaires de Senlis en 1775

J'avais l'intention de remettre les deux parchemins que j'ai l'honneur de présenter au Comité, à notre regretté confrère, M. Driard, de le prier de les étudier avec sa compétence professionnelle et d'en rendre compte avec l'art discret qu'il mettait dans toutes ses communications sur notre vieux Senlis. Mais puisque la mort est venue trop tôt nous priver de son érudite collaboration, je demande à mes collègues la permission de faire passer sous leurs yeux ces deux documents trouvés dans mes papiers, et d'en prendre occasion pour dire quelques mots des conditions dans lesquelles se fit, vers 1775, la suppression de deux offices de notaires à Senlis et leur réduction aux quatre études qui subsistent encore aujourd'hui dans notre ville.

I

Les notaires, officiers publics chargés de dresser les contrats, ont existé dans l'antiquité romaine. Mais leur rôle fut oublié ou tomba en désuétude pendant la période barbare du Haut-Moyen-Age où ils devinrent de simples fonctionnaires de la Chancellerie royale. C'est, en réalité, à Saint Louis que remonte en France la création officielle du notariat dans sa dernière forme, au moins dans la Prévôté de Paris. Ce prince en institua soixante en titre d'office.

L'exemple du Roi fut alors suivi par tous les seigneurs justiciers, laïcs ou ecclésiastiques, qui en créèrent dans leurs domaines. Philippe IV le Bel esseya bien — par une Ordonnance de 1302 — de réprimer cet abus et de se réserver, à lui et à ses successeurs, le droit exclusif d'avoir des notaires. Mais il se heurta à la résistance de tous les possesseurs de fiefs, et son Ordonnance ne valut, dans les siècles suivants, que ce que valait l'autorité centralisatrice des Rois, toujours tenue en échec par leurs feudataires, grands et petits. Consacrés ou non par la nomination royale, les notaires seigneuriaux continuèrent donc à exister à côté des notaires royaux exerçant dans les domaines directs du souverain.

Les Archevêques et les Évêques, maîtres de la juridiction ecclésiatique, avaient aussi, dès les XIe et XIIe siècles, créé des notaires dits apostoliques, que Charles VIII supprima en 1490. Mais Henri II en rétablit quatre pour toute la France ; puis en 1691, Louis XIV en autorisa un dans chaque diocèse de son royaume. Ces notaires apostoliques recevaient leurs provisions du Roi et n'étaient, en réalité, que des notaires royaux avec des attributions particulières.

Mais ce n'est pas tout. Peu à peu, certaines administrations ou corporations — voire même de simples compagnies de commerce — voulurent imiter le Roi, les Seigneurs et les Évêques. Il y eut des notaires de l'Université, des notaires des Greniers à sel, des notaires des Capitouls de Toulouse et même des notaires des marchands italiens qui fréquentaient les foires de Champagne. Les notaires pullulèrent, il y en avait partout.

Alors comme aujourd'hui, leur compétence territoriale différait suivant leur origine ou leur résidence. Les notaires royaux exerçaient dans l'étendue de la Sénéchaussée ou du Bailliage auxquels ils étaient attachés, sauf ceux de Paris, de Montpellier et d'Orléans qui, par un privilège spécial, pouvaient instrumenter dans tout le Royaume, à l'exclusion, néanmoins, de la ville de Paris, pour ceux de Montpellier et d'Orléans.

Quant aux notaires apostoliques et aux notaires seigneuriaux, ils n'instrumentaient que dans l'étendue de leur diocèse et de leur seigneurie, et c'était dans cette limite seulement que leurs actes étaient exécutoires.

II

Quoi qu'il en soit de leur origine, la multiplicité des études de notaire sous l'ancien régime, si elle était avantageuse pour le justiciable qui en trouvait partout sous la main quand il avait besoin d'eux, avait le très grand inconvénient d'amoindrir considérablement la situation de ces officiers publics.

Aussi, quand l'absolutisme royal eut supprimé à son profit toutes les forces administratives et judiciaires du pays, abolissant peu à peu les petites charges de notaires seigneuriaux et ne laissant subsister que ceux qui exerçaient dans les villes et les bourgades de quelqu'importance, ceux-ci se trouvèrent encore trop nombreux. Le progrès — qui n'est le plus souvent que la création de besoins nouveaux — ayant amené le renchérissement de toutes choses, ils ne tirèrent bientôt plus de leurs charges un produit suffisant pour soutenir leur état. Ils eurent donc partout une tendance invincible à diminuer leur nombre, par élimination ou par rachat individuel ou collectif des études les moins importantes.

Mon intention n'étant pas ici d'étudier à fond la question, je n'ai pas cherché à savoir quel était le nombre des études à Senlis vers la fin du règne de Louis XIV, après la grande hécatombe des petites charges.

Mais à l'époque à laquelle nous ramènent les documents qui nous servent de guide, c'est-à-dire à la fin du règne de Louis XV, la « Communauté » — comme on disait alors — des notaires de la ville ne se composait plus que de six études dont les titulaires respectifs étaient alors :

Jean-Louis Bacouel,

Étienne-Claude Le Bel,

Étienne-Claude Raymbault,

Nicolas-Louis Buhot,

Jacques-Rieul Le Quoy, successeur de Jacques-Nicolas Le Quoy,

Et Jean-François Lefèvre.

Les cinq premiers étaient notaires royaux, et le dernier, notaire du Grenier à sel.

Sur ces entrefaites, Jacques-Rieul Le Quoy et Jean-François Lefèvre étant morts à des intervalles assez rapprochés l'un de l'autre, leurs confrères traitèrent avec les héritiers pour le rachat de leurs offices, et des actes du 24 juin 1762 et du 30 mars 1765 les mirent en possession des minutes de ces deux études. Mais ce rachat direct ne suffisait pas ; il fallait supprimer les charges elles-mêmes, et seul le Roi avait ce pouvoir.

Les quatre notaires restants de Senlis réclamèrent donc cette suppression, et la réduction de leur « Communauté » à quatre offices, « nombre suffisant — disaient-ils dans leur requête — pour la ville de Senlis, attendu le peu de commerce qui s'y fait... » Comme conséquence, ils demandaient également la réunion des deux offices supprimés aux leurs, « sans pouvoir être désunis sous quelque prétexte que ce soit ». Enfin, ils sollicitaient du Roi l'assurance que ce nombre de quatre études ne pourrait jamais être augmenté, et que ces quatre offices ne seraient, en aucun cas, évalués plus haut qu'ils ne l'étaient, et que par conséquent les titulaires ne pourraient jamais « être tenus de payer de plus grands droits de prêt et annuel, sceau, marc d'or, garde des rôles, frais de provisions et autres droits de mutation » que ceux qu'ils payaient avant la réunion.

Après les formalités et les lenteurs d'usage, les notaires senlisiens obtinrent gain de cause : un Arrêt conforme à leur requête fut rendu au Conseil du Roi le 12 août 1766.

Nous ignorons ce qui retarda de neuf années entières l'octroi des Lettres Patentes confirmatives de cet Arrêt. Il n'y a là sans doute, qu'un exemple de plus de l'incurie administrative et fiscale qui sévissait alors et dont nous ne sommes pas tout à fait guéris. Toujours est-il que c'est seulement le 25 janvier 1775, première année du règne de Louis XVI, que des Lettres Patentes signées du Roi et contresignées Phélyppeaux, vinrent donner force de loi à l'Arrêt du Conseil rendu en 1766.

Et encore, tout n'était-il pas terminé.

En effet, il fallait que ces Lettres Patentes fussent, dans le délai rigoureux d'un an, présentées à la Cour des Aydes de Paris pour y être enregistrées. Or, il y a plus loin qu'on le croit de Senlis à Paris quand il s'agit de traverser des marécages administratifs et que chaque arrêt, chaque retard d'une affaire doit donner lieu à quelque « finance » supplémentaire à palper par le Roi et par ses fonctionnaires.

Les fameuses Lettres Patentes n'arrivèrent donc pas à temps à la Cour des Aydes ; le terme d'un an fut dépassé et ces Lettres devinrent « surannées » ; — c'est là l'origine du mot dont nous nous servons encore dans un sens quelque peu différent.

Il fallut alors obtenir du Roi — moyennant quelque « finance » nouvelle — des Lettres de Relief de « surannation » que nous possédons également, datées de Versailles le 4 décembre 1776 et contresignées du ministre Amelot.

Il ne restait plus qu'une formalité à remplir ; elle se fit attendre près de deux années encore, puisque c'est seulement le 27 octobre 1778 que le greffier Le Rat registra au Grenier à sel senlisien les Lettres de Relief. A partir de ce moment, il n'y eut plus à Senlis que quatre notaires qui, maintenus lors de la réorganisation du 25 ventôse an XI (16 mars 1803), y subsistent encore dans la personne de leurs honorables successeurs.

III

Il serait peut-être intéressant de chercher ce que devenaient — et, dans notre cas particulier, — ce que sont devenues les minutes des offices supprimés. Je crois que ceux de nos confrères qui, comme moi, ont eu l'occasion de faire quelques « fouilles » dans les archives de nos études actuelles, ont constaté avec regret que ces minutes avaient été divisées, ce qui rend les recherches dans ces dépôts si précieux — et si peu classés ! — beaucoup plus difficiles.

Cette division n'était pas, cependant, la règle absolue, sinon en droit, au moins en fait. En principe, les minutes devenaient la propriété de ceux qui achetaient l'étude dont elles étaient la représentation matérielle et dont elles constituaient la valeur. Elles étaient évidemment partagées quand il y avait deux ou plusieurs acquéreurs. Si, au contraire, une charge se fondait dans une autre, les minutes pouvaient toutes rester au titulaire de l'office survivant. En voici un exemple tiré des mêmes papiers :

Charles Josse-Luquet, notaire royal à Amiens, étant mort en exercice au mois de mai 1789, sa mère et héritière universelle vendit à Maître Antoine-François Beaugeois, aussi notaire à Amiens, en octobre 1791, les minutes et répertoires de l'office de son fils. Mais cette vente n'était faite — dit une reconnaissance du sieur Beaugeois — « que pour éviter la collation et le droit qu'elle engendre au détriment des parties, et pour empêcher le partage d'icelles (minutes), attendu le décret concernant les notaires, voulant que le sieur Beaugeois les ait par préférence à tous autres... » Mais ledit Beaugeois promettait « dans le cas où les choses serait remis *(sic)* sur l'ancien pied, de remettre lesdites minutes à qui il appartiendra. »

De quel décret s'agit-il ? Quel était « l'ancien pied » dont il est question ici ? Et en quoi différait-il du nouveau régime ? Je l'ai cherché en vain. Mais les réserves insérées ici sembleraient indiquer que le partage des minutes entre les études survivantes était obligatoire, puisque ces réserves sont faites afin que le sieur Beaugeois « ait par préférence à tous autres » notaires les minutes de Charles Josse-Luquet et de ses prédécesseurs.

Peut-être quelqu'un de nos confrères pourra-t-il nous renseigner sur tous ces points. Comme je l'ai déjà dit, je n'ai pas la prétention d'épuiser un sujet intéressant qui pourrait tenter un érudit plus compétent que moi. J'ai seulement voulu signaler deux documents curieux pour notre histoire locale, puisqu'ils nous indiquent l'origine d'un état de choses qui n'a pas changé depuis bientôt un siècle et demi.

IV

Une enquête judiciaire à Baron

EN 1480

Une enquête judiciaire à Baron

en 1480

Le document que je publie ci-dessous fait partie des *Quittances et Pièces diverses* de la Bibliothèque Nationale (tome 107. Mss. Fonds Français 26098, p. 1896). Le parchemin, malheureusement assez mutilé, est intitulé au verso : *Attestation des habitans de Barron pour la Çroix et Place de l'Eglise.* C'est, en réalité, une enquête judiciaire datée à Baron le vendredi 9 mars 1480 et relative à une contestation qui s'était élevée deux ans auparavant au sujet de leurs droits réciproques entre l'évêque de Senlis et le seigneur de Baron.

L'évêque était alors Simon Bonnet lequel, élu en 1448, mourut seulement en 1503. C'est, je crois, celui de nos pontifes qui occupa le siège de Senlis le plus longtemps ; pendant plus d'un demi-siècle, il eut le temps de rechercher avec soin les droits de son évêché et de les faire valoir.

Comme beaucoup d'autres cures du diocèse, celle de Baron était à la nomination de l'évêque, qui était par conséquent, à l'exclusion du seigneur temporel de la paroisse, patron de l'église, placée sous l'invocation de saint Pierre et de saint Paul. De plus, l'évêque de Senlis avait un fief dans cette localité, puisque nous voyons en 1455 Pierre Le Riche, maître ès arts, lui faire hommage pour onze arpents de terre ayant appartenu à Jean de Beaurepaire. (Arch. de l'Oise, G, 3653.) [1]

Il y avait, d'ailleurs, un lien plus étroit encore entre cette église et le prélat, puisque parmi ses titres, il prenait la qualité de « curé-primitif » de Baron. Je n'ai trouvé aucune indication relative aux droits spéciaux que pouvait donner à l'évêque de Senlis cette qualité de « curé-primitif », mais il ne me paraît

---

[1] L'abbaye de Saint-Vincent possédait également à Baron une ferme importante comprenant 196 arpents en 1532. Le chapitre de Senlis y avait aussi des terres, puisque nous le voyons faire des échanges avec les Anthonis (Arch. de l'Oise, G, 2264).

pas douteux qu'il devait au moins fournir le prétexte à des empiètements sur la juridiction du seigneur laïc et justifier plus ou moins des prétentions que ce seigneur devait repousser.

La seigneurie de Baron avait appartenu jadis à une grande famille féodale qui en portait le nom ; mais il résulte de recherches faites par notre érudit confrère, M. Corbie, que la seigneurie « éminente » de cette paroisse était, depuis le haut moyen-âge, la propriété de l'abbaye de Chelles. Néanmoins, à côté de cette seigneurie suzeraine, il y avait à Baron d'autres fiefs qui appartenaient à divers propriétaires auxquels ils donnaient le droit — ou le prétexte — de se qualifier seigneurs de Baron « pour partie. » Plusieurs de ces co-seigneurs étaient représentés par des « maires » dont deux figurent dans notre document.

Dans la seconde moitié du XVe siècle, tout ce domaine secondaire avait été réuni entre les mains de Gilles Anthonis, notaire et secrétaire du Roi, et l'un des quatre notaires de la Cour de Parlement, qui se qualifiait de « seigneur voier et hault justicier des ville et territoire dudit lieu de Barron. »

Ce Gilles Anthonis, originaire, croit-on, de la vicomté de Furnes, en Flandre (*Anthonis* est, en effet, la traduction flamande de notre *Antoine*), et sur les antécédents duquel nous n'avons pu trouver aucun détail, était venu, comme bien d'autres dans tous les temps, chercher fortune dans notre France accueillante et hospitalière [1].

A sa charge de notaire, il joignit bientôt celle de gruyer héréditaire de Béthisy, en la forêt de Cuise. C'est, d'ailleurs, dans notre pays qu'il constitua son assiette territoriale, car il était seigneur non seulement de Baron, mais encore de Weymars, près de Survilliers, et de la Douye, à Béthisy [2]. Marié à Perrine ou Perrette Baston, dont il eut deux fils et une fille, Gilles Anthonis était donc devenu un important personnage, un « bazochard » influent, et on ne peut s'étonner qu'il ait entrepris de tenir tête aux prétentions de l'évêque Simon Bonnet. Celui-ci avait affaire à forte partie, car son adversaire avait la

---

[1] Bibl. Nat. Mss. Fonds Français 26560 (*Pièces originales*, t. 76), 29570 (*Dossiers bleus*, t. 25).

compétence nécessaire et les moyens matériels pour défendre ses droits.

Déjà, vers 1475, Gilles Anthonis avait soutenu un procès — qu'il paraît avoir perdu — contre les dames de Chelles, et c'est peut-être ce premier procès qui engagea Simon Bonnet à entreprendre aussi la lutte contre les empiètements de l'envahissant notaire royal.

Il s'agissait, en l'espèce — comme on dit au Palais — de savoir si comme « de tout temps et d'ancienneté », les *cris* de la « grant et haulte justice commune de la ville et territoire de Barron », continueraient à se faire « sur et au-devant de la Croix estant en la voierie au bourg et à l'oposite de l'église parrochiale dudit lieu », ou s'ils se feraient, comme le voulait l'évêque, devant l'église paroissiale.

C'était un de ces nombreux conflits entre la juridiction ecclésiastique et la juridiction civile que l'on rencontre à chaque instant dans l'histoire de cette époque et qui cachaient sous les frivoles apparences de simples difficultés protocolaires, les plus graves questions de propriété et de droit féodal.

Disons en passant, — car cela rappelle d'intéressants usages relatifs à la police rurale — que ces cris judiciaires — lesquels se faisaient le dimanche à l'issue de la grand'messe et des vêpres, — avaient surtout pour objet la défense, sous peine d'amende, de laisser le bétail vaguer dans les récoltes ou les jardins au commencement de l'été, moment où les fruits « commencent à venir à perfection », l'ordre donné aux habitants de clore leurs « dangiers » [1] et leurs jardins, de ne pas traverser eux-mêmes les blés ensemencés, de déblayer les chemins, ruelles et voieries, etc., etc. Enfin, c'est aussi devant la Croix en question que les officiers de la justice seigneuriale mettaient en vente publique les biens et « gaiges » saisis sur

[1] *Dangier* a ici le sens de *domainé, héritage,* et particulièrement *terre en défens,* telles que vignes, jardins, garennes, terres labourables ensemencées ou non moissonnées, prés, depuis la Chandeleur jusqu'à la Toussaint, et bois taillis jusqu'à « quatre ans et un mai », c'est-à-dire jusqu'à la cinquième feuille. Cfr. les Dictionnaires de l'ancienne Langue française de Lacurne de Sainte-Palaye et de Godefroy, v° *Danger* et *Dangier.*

les habitants de la paroisse, soit pour le compte du Roy, soit pour le compte des particuliers.

Jusqu'à l'époque où nous sommes, ces *cris* avaient toujours eu lieu à la croix indiquée, sans aucune opposition de personne et à l'exclusion de tous autres cris semblables faits là ou ailleurs dans la paroisse par d'autres seigneurs justiciers.

La seule exception consentie par le haut justicier de Baron était la convocation à la fête patronale de saint Pierre, au mois de juin, convocation qui avait lieu, mais toujours par les officiers de la « grande justice », à l'endroit même où se faisaient « les dances et esbatemens », c'est-à-dire sur la place du Franc-Fief.

C'est ce que contestaient les officiers de l'évêque à Baron qui, donnant une forme concrète à leurs prétentions, avaient osé, en 1478, « mettre empeschement » aux cris du seigneur haut justicier là où ces cris avaient lieu habituellement.

Gilles Anthonis n'était pas homme à se laisser intimider par une voie de fait et le procès commença aussitôt.

C'était une assez grosse affaire, et il fallait avoir l'escarcelle bien garnie pour l'entreprendre. La première chose à faire était, en effet, de bien établir ce qui avait eu lieu de temps immémorial. On était donc obligé à une enquête, et quand il s'agit, comme ici, d'une enquête qui met en mouvement presque tous les chefs de famille d'une grosse paroisse et qui amène le déplacement d'officiers publics comme le représentant du Bailli de Senlis « en la branche de Sillery et d'Oissery en Mulcien », tout le monde ne pouvait se permettre le luxe de soutenir jusqu'au bout un litige de cette nature, entraînant des efforts et des dépenses considérables.

Il faut croire que Gilles Anthonis avait un grave intérêt à la solution de la question, car il n'hésita pas.

Tous les chefs de famille de la « ville » de Baron, ainsi que la qualifie notre texte, furent appelés à fournir leur témoignage. Nous avons là une curieuse nomenclature de noms dont les plus vieux avaient pu voir Jeanne d'Arc à son passage dans leur paroisse cinquante ans auparavant, au mois d'août 1429. Plusieurs de ces noms sont sans doute encore représentés dans le pays et il y aurait peut-être là une intéressante petite recherche à poursuivre, au point de vue de la perpétuité des familles rurales dans leur lieu d'origine.

Tous ces témoins affirment que depuis soixante ans, et toujours, les *cris* judiciaires de la seigneurie ont eu lieu à la Croix indiquée et donnent tort à l'Évêque.

Nous avons vainement cherché quelque trace de l'issue de ce petit procès. La recherche en serait intéressante, car elle aiderait sans doute à déterminer les droits respectifs que possédaient d'une part l'abbaye de Chelles — qui avait la haute justice — et les seigneurs voyers, qui avaient également une autre haute justice, appelée « grande justice commune » dans la paroisse. Il est probable qu'il s'agissait seulement, dans le second cas, d'une haute justice de police ; mais tout cela n'est pas très clair et il y a là un point curieux à élucider que je signale à notre confrère M. Corbie, si bien documenté sur ce qui concerne l'histoire de Baron.

Quoi qu'il en soit, d'ailleurs, la sentence rendue, à la suite de l'enquête dont nous venons de parler, ne paraît pas avoir affecté la situation de Gilles Anthonis et de ses successeurs comme seigneurs haut-justiciers de Baron, qualités qu'ils gardèrent pendant plusieurs générations.

Gilles mourut à Paris le 3 juin 1483 et fut inhumé au cimetière des Saints-Innocents [1]. De sa femme Perrine Baston, il laissa entre autres enfants : 1° Gilles, IIe du nom, qui continua comme nous allons le voir la série des seigneurs de Baron;

2e Catherine, mariée à Jean Malingre, sieur de la Halle, avocat en Parlement ;

3e Jacques Anthonis, écuyer, seigneur de Weymars, Ville-Parisis, Chennevières en France, Gallande en Brie et Balizy, l'un des quatre élus de Paris ; il mourut le 11 septembre 1554 et laissa plusieurs enfants de sa seconde femme Madeleine Sayer (ou mieux Jayer) — la première était Marguerite Fournier (morte en 1526) — morte en 1549 et inhumée avec lui aux Innocents.

[1] Armes d'Anthonis : d'or au chevron de gueules, accompagné en chef de deux coquilles et en pointe d'un sanglier de sable. (Les coquilles manquent souvent.)

Leur dernier descendant mâle, seigneur de Veymars, fut Jérôme Anthonis, mort célibataire en 1597.

Mais un autre de leurs descendants, Claude, fils de François, était établi à Saint-Gervais-Pontpoint en 1653 [1]. Sa femme, Anne de Homblières, marie cette année-là sa nièce Elisabeth de Calloi à Daniel Chatelain, écuyer, seigneur de la Fosse, demeurant dans la paroisse de Saint-Pierre-Pontpoint.

II. Gilles Anthonis, IIe du nom, conseiller à la Cour des Aides de Paris, seigneur de Baron, fut marié à Anne Brinon, fille de Guillaume Brinon, sieur de Villaines, avocat en Parlement, et de Jeanne Hennequin. Ils laissèrent :

1° Charles Anthonis, seigneur de Baron et du Perreux, qui suit ;

2° Gilles Anthonis, avocat en Parlement et seigneur pour partie de Baron. Il fut d'abord marié, puis, sa femme étant morte, il entra dans les ordres, fut curé de Baron et mourut en 1560. Sa fille, nommée Claude et dame en partie de Baron, épousa un sieur Trouillart ;

3° Robert Anthonis, seigneur du Hazoy en Valois, paroisse de Saint-Pierre de Béthisy, qui eut postérité de Marie de Harlus. La vente de ce fief du Hazoy par leurs descendants à Antoine Loisel, conseiller du Roi, élu en l'élection de Crépy, donna lieu plus tard à un long procès dont les pièces sont conservées à la Bibliothèque Nationale (Fonds Français, 26560) ;

4° Marie Anthonis, femme de Germain Chastelier, sieur de Mandiné, conseiller au Parlement de Paris ;

5° Une autre Marie Anthonis, femme de Cleriadus de la Rosière, seigneur de Poix et de Maure, au pays du Perche, conseiller au Parlement de Paris ;

6° Enfin Françoise Anthonis, femme de Simon le Grand, sieur des Marais et des Puiseaux, bailli et gouverneur de Beaumont-sur-Oise.

III. Charles Anthonis, seigneur de Baron et du Perreux, conseiller à la Cour des Aides de Paris, fut marié à Marguerite ou Madeleine de la Faye, fille de Raoul de la Faye, seigneur de Mandegris, greffier des Requêtes du Palais, et de Jeanne

[1] Bibl. Nat. *Carrés d'Hozier*, t. 28 (F. Fr. 30.257).

Bidan. Il mourut en 1574 et sa femme en 1578. Ils laissèrent un fils et deux filles, Madeleine, mariée à Louis de Rouville, chèvalier, seigneur de Chars, et Anne, femme de Jean Bochart, seigneur de Menillet, morte sans enfants.

IV. Le fils, Charles Anthonis, IIe du nom, seigneur de Baron et du Perreux, suivit la carrière des armes, fut gouverneur de Laval et maintenu dans sa noblesse par sentence des Elus de Paris du 1er juillet 1634 Il fut marié à Anne de Saccarlarre [1], fille unique de Samson Saccarlarre, valet de chambre du Roi, et de Marguerite Perlin.

V. De ce mariage vinrent trois fils et deux filles : l'aînée, Marie, épousa le 5 juin 1634, Charles de Gomer, seigneur de Luzancy ; la seconde, Élisabeth, fut mariée à Michel Boyer, seigneur de Combault et de Villiers. Le fils puiné, Guy, mourut page de la grande écurie; le troisième, Philippe Anthonis, seigneur de Roquemont, fut grand louvetier de France en 1628, puis cornette des chevau-légers de la Garde ; il mourut en 1652, sans enfants de Jacqueline Roger, fille de Nicolas Roger, premier valet de chambre de la Reine Mère, et de Jacqueline Hotman. Elle se remaria à Alexandre de Moreuil, marquis de Caumesnil, et mourut en 1669.

Quant au fils aîné de Charles, Pierre Anthonis, seigneur du Perreux et de Baron, mort célibataire, il paraît avoir été le dernier de son nom qui ait possédé cette terre.

Nous trouvons cependant à côté de lui, un Robert Anthonis, ainsi qualifié à la même époque. Mais.il semble certain, néanmoins, que la seigneurie laïque de Baron passa en d'autres mains à la fin du XVIIe siècle.

Nous constatons néanmoins qu'en 1661, Charles Trouillart, chevalier, descendant de Claude Anthonis, dont nous parlons plus haut, était encore seigneur pour partie de Baron et du fief des Bachets, au même lieu. Ce fief des Bachets relevait de celui de Bizet, situé à Moussy-le-Neuf. Le petit-fils de ce Charles Trouillart, Vincent-Marguerite Hotman, chevalier, seigneur de Vilgoublain, hérita à la mort de son grand-père,

[1] La Chesnaye des Bois écrit Parcarlare ; d'autres documents donnent Sarcarlare ou même Sacrelare. Mais on lit bien Saccarlare sur une pièce signée par Samson.

de ces fiefs à Baron et aux Bachets, et les Hotman les conservèrent jusqu'en 1762.

Comme on le voit, cette famille Anthonis se rattache de toutes parts à notre région. Ce sera mon excuse pour en avoir parlé un peu longuement et pour avoir greffé ce fragment généalogique sur le petit document que j'étudie et qui est publié ci-après.

Graves, dans sa *Statistique du canton de Nanteuil*, est absolument muet sur les Anthonis, seigneurs de Baron. Notre confrère, M. E. Lemarié, a bien publié une note à ce sujet — note tirée de Moréri — dans son excellente *Gazette de Dammartin;* mais cette note, d'ailleurs incomplète, est enfouie, comme tant d'autres renseignements précieux, dans cette petite publication hebdomadaire, feuille volante, que peu de personnes possèdent et qui est difficile à consulter. J'ai donc cru pouvoir me permettre de résumer ici ce que j'ai trouvé dans les documents originaux du Cabinet des Titres concernant les Anthonis, seigneur de Baron, afin de le mettre plus aisément à la disposition de ceux de nos confrères qu'intéresse l'histoire de cette vieille localité.

Voici maintenant le texte du document dont il s'agit et dont le commencement est tronqué et manque dans l'original.

« ....qui ces présentes lettres verront. Léonard Audier, licencié en loix et bachelier en droict et Aubert Deshauts, tabellion garde....... et baillie establiz de par le Roy nostre sire en la chastellenie de Senlis, salut :

« Sçavoir faisons que par devant Denis du Pont........ chastellenie en la branche de Sillery et Oissery en Mulsien comparurent et furent présens en leurs personnes Pierre Foulon (âgé de...), Adenet Foulon, soixante dix, Phelipot Grandin, de lxviii. Jehan le Maçon, de cinquante. Jehan Faverèle, de cinquante..... Jehan Foulon, de cinquante. Jehan

Damours, de lx..... Regnault Hue, de quarante quatre. Jehan Hue, de .....xante. Pierre de Lonaux, de quarante. Phelipot le....... quarente. Oudinet Bourgoin, de soixante six. Pierre ....de Chontainel (?), de trente-six. Guillaume le Fèvre, de quarante. Pierre Béquet, de quarante quatre. Jehan........... (C)olin Foulon, de quarente quatre. Jaquet Bultel, de quarente huit. Roland le Prieur, de soixante quatorze. ....te. Jehan Arnoul, de trente deux. Pierre Bernard, de cinquante quatre. Jehan le Clerc, de cinquante. Jehan....... Michau le Chief, de trente. Robin Bourgoin, de vingt huit. Ferri du Four, de soixante. Michelet le Poullenier, de trente. ....quante. Henry Parent, de trente six. Jaquet Caudrelot, de vingt huit. Pierre Petit, de trante, Jehan Déan, de quarante. ....vingt huit. Robin Cottart, de trente deux. Colin Levrier, de quarante six. Et Jehan Gaillart, de trente quatre ans....... maneuvriers et gens de mestiers, résidans et demourans au lieu et villaige de Barron, tant de çà que de là loin. Produitz audit Juré de la partie de noble homme et saige maistre Giles Anthonis, notaire et secrétaire du Roy nostre dit Seigneur, seigneur voier et hault justicier des ville et territoire dudit lieu de Barron, affin d'estre par luy interroguéz sur ce que ledit seigneur disoit et maintenoit que les dessus dits manans et habitans dudit lieu et territoire, avoient de tout temps et d'ancienneté veu et oy faire les criz de par les seigneurs voiers et haulx justiciers, vulgairement appelée la grant et haulte justice commune de la ville et territoire de Barron, et les aucuns d'entre eulx les fait ou fait faire comme juges, sergens et officiers de ladite justice sur et audevant de la Croix estant en la voierie au bourg et à l'oposite de l'Église parrochiale dudit lieu, et oyr dire et maintenir à leurs prédécesseurs que ainsi s'est tousiours fait. Lesquelz présens devant nomméz, deuement sur ce interroguéz et examinés, ont, et chacun d'eulx dit, affermé, certiffié et tesmoingné pour vérité, qu'ils et chacun d'eulx avoient veu et oy faire les criz et les aucuns d'entre eulx les fait et fait faire à l'issue de la grant messe ou de vespres sur et audevant de ladite Croix située en la voirie à l'oposite de ladite Église d....... et en diverses saisons de l'an de par les seigneurs de ladite grant et haulte justice commune, à présent appartenant audit maistre Giles, seul et pour le tout, par manière de prohibicion et deffense sur amende de non laisser aler en dommaiges, ès bléz ou jardins, le bestail au commencement de l'esté que les fruicts commancent à venir à perfection, et pour y obvier, commander et en joindre aux habitans dudit lieu et territoire, de clorre leurs dangiers et jardins, aussi de non aler ou passer par les bléz estans audit territoire, et commander de desblaier les chemins, ruelles et voiries sur peine d'amende, et semblablement de exposer en vente et par cry publique par les officiers de la dite grant justice sur et audevant de ladite Croix, les biens et gaiges prins par execucion sur les habitans de la dite ville, soit pour les deniers du Roy ou de partie à partie, toutes et quanteffoiz que besoing en a esté et qu'il a pleu de le faire faire aux officiers de la dite grant justice paisiblement, sans contredit ou empeschement de personne quelzconque et sans ce qu'ilz aient veu ne sçeu que tels et semblables cris aient esté faiz ailleurs ne en autre lieu ne de par autres seigneurs ou justice que de ladite grant justice, fors le cry qui ce fait de par icelle grant justice au jour Saint Pierre en juing quand se fait la fête et dédicace de ladite ville en la place appelée le franc fief de la place où se font les dances et esbatemens, et ainsi l'ont de tout temps et d'ancienneté, et dire et maintenir aux anciens et à leurs prédécesseurs, et est-ce chose toute notoire audit lieu de Barron et ilec environ. C'est assavoir les dits Pierre et Adenet Foulon depuis soixante ans en ça ; Phelipot Grandin, Jehan le Maçon et Jehan Faverèle, depuis quarente ans en çà ; Jehan Damours depuis trente huit ans, Jehan Deskune (?) et Jehan Foulon depuis trente six ans , Jehan Hue, Pierre de Bonnaire, Philippot le Tellier et Oudinet Bourgoin depuis trente ans ; Pierre de Bethisi depuis vingt huit ; Baudechon Taniel (?) depuis vingt cinq ; Guillaume le Fèvre, Pierre Béquet et Jehan de la Croix, Colin Foulon, Jaquet Blutet et Roland le Prieur depuis vingt quatre ans ; Jehan Caudrelot depuis vingt deux ans ; Jehannon....... Jehan Girard, Pierre Bernard et Jehan le Clerc depuis vingt ans ; Michau le Chief, Jehan Pertrisot et Martin Regnier....... ans ; Robin Bourgoin depuis dix sept ans ; Ferry du F....... ans ; Michelet le Poullenier depuis treize..... Henry Parent, Jaquet Caudrelot, depuis douze ans

....Fortier depuis dix ans; Robin Cottart... depuis huit ans. Jehan Gaillart depuis troys ans. Et....... dessus dits Jehan de Rame et Jehan Foulon qui ....ent esté maires pour aucuns qui estoient seigneurs en partie de ladite grant justice, qui appartenoit le reste à plusieurs personnes, et de présent appartient seul et pour le tout audit seigneur de Barron. Pierre Petit, tabellion de ladite justice, Jehan Faverèles, Robin Bourgoin, Jaquet Caudrelot et Jehan Gaillart sergens de ladite justice, ont fait et fait faire depuis le temps de par eulx dessus desclairé lesdits criz et autres nécessaires expédiens pour le bien de justice sur et audevant de ladite Croix continuellement d'an en an et de saison en saison paisiblement, sans contredits ou empeschement de personne quelzconque et sans y avoir esté inquiétés de par l'Évesque de Senlis, ses officiers ne autres, jusques depuis deux ans en çà que ledit Evesque et ses gens se sont efforcéz d'y vouloir mectre empeschement dont procès s'est meu entre lesdits Seigneur et Évesque et jamès auparavant n'en avoient veu question ne débat; dont et desquelles choses et affirmacions dessusdites, ledit Maistre Giles Anthonis en sa personne a requis lectre audit Juré, ce que luy a esté octroyé et luy avons baillé ces dites présentes pour luy servir et valoir ce que de raison. En tesmoing de ce, Nous, à la relation dudit Juré, avons scellées ces présentes desdits sceaulx. Ce fut fait audit Barron le vendredy neufiesme jour de mars l'an de grâce mil quatre cens quatre vingt. «

(Signé) Dupont (avec paraphe).

Fonds Français 26098 (Quittances et pièces diverses, 107), p. 1896.

V

DÉNOMBREMENT DE L'ÉVÊCHÉ DE SENLIS

EN 1383

DÉNOMBREMENT DE L'ÉVÊCHÉ DE SENLIS

en 1383

Le document que je publie ici — et que j'ai rencontré naguères dans la Collection Blondeau, à la Bibliothèque Nationale — est le dénombrement des biens et droits appartenant à l'Évêché de Senlis en 1383. Il me paraît intéressant, non seulement par les renseignements qu'il fournit sur les localités et sur certains personnages du diocèse, mais encore en ce qu'il donne l'état de la « temporalité » de nos Évêques pendant une période comprenant les XIVe, XVe et XVIe siècles. Notre document constate, en effet, qu'au moment où il a été écrit, et sauf une petite acquisition à Montlévêque, la situation du temporel de l'Évêché n'avait pas changé depuis cinquante ou soixante ans, ce qui nous fait remonter vers l'année 1320 ; et comme la copie que nous possédons de ce dénombrement — le dernier en date avant cette copie — est de l'année 1626, il est à croire que les modifications apportées à cette situation avaient été très peu importantes.

C'est Messire Nicolas Sanguin qui, moins de trois ans après son élévation au siège de Senlis, demanda à la Chambre des Comptes de lui fournir cette copie. Il paraît que, faute de pouvoir opposer aux prétentions adverses des titres précis, des difficultés s'élevaient journellement entre les officiers de l'Évêque et les détenteurs des biens ou des droits dépendant de l'Évêché. La demande de M. Sanguin avait donc pour but de le mettre à même d'éviter des procès toujours menaçants, en coupant court, par la production d'actes authentiques, à toute velléité d'usurpation.

La Chambre fit droit à cette requête et la copie en bonne forme de l'aveu et dénombrement rendu au roi par son 21e prédécesseur, Messire Jean Dieudonné, fut fournie à Nicolas Sanguin. Je n'ai trouvé nulle part trace de l'original de ce dénombrement et de la déclaration dont elle est suivie, pas plus que d'une autre copie que celle qui est conservée dans le tome XXII de la collection Blondeau (Bibl. Nat. F. Fr. 26330, fol. 55 à 86). J'ai donc cru qu'il pouvait être intéressant de le signaler au Comité archéologique de Senlis.

Notre document se divise en deux parties : l'une comprend l'aveu et dénombrement des biens et droits que l'Évêque de Senlis tient directement du Roi ; la seconde est la déclaration des nobles et roturiers relevant comme arrière-vassaux de l'Evêché, à raison de quelque possession.

Dans la première catégorie, nous trouvons des biens et des redevances à Senlis, à Montlévêque, à Barbery, à Balagny, à Chamant, à Aumont, à Ognon, à Villers emmi les champs, à Droiselles, à Baron, à Sainte-Luce près de Béthisy, à Bouillant, à Russy-Besmont, à Auger-Saint-Vincent, à Longueil-sous-Thourotte, dans la forêt d'Halatte, etc.

Dans la seconde catégorie, comprenant les arrière-fiefs, nous trouvons, outre plusieurs des localités précédentes, les noms de Pontarmé, Thiers, Brasseuse, Courteuil, Raray, Survilliers, Mortefontaine, Malgenest, Verberie, etc.

Comme on le voit, c'est une notable partie des localités de notre région sur laquelle notre document nous fournit des renseignements.

Il n'est pas moins intéressant en ce qui concerne les noms de personnes. Parmi les possesseurs notables des arrière-fiefs de l'Évêché, nous citerons :

Madame d'Ermenonville, M. Pierre de Sermoises, seigneur de Brasseuse et de Courteuil, les héritiers du maréchal d'Ondenehen, l'Évêque de Beauvais (pour son domaine de Thiers), Maître Ferry Cassinel, M. Simon de Charny, M. de Villepestre (de Villepinte ?), M. Jean de Blaincourt, écuyer, Henry de Rully, Jean Vuendart, Robert le Maréchal, Jean Judas, à cause de sa femme, sœur de Robert du Murat, le Chapitre Notre-Dame de Senlis, Simon Marcoul, Le Borgne de Rouvroy, etc., etc.

Mais je ne veux pas abuser de la patience du lecteur en résumant plus longuement ce document, puisqu'il est intégralement publié ci-dessous.

J'y ai ajouté quelques notes explicatives, malheureusement

incomplètes, auxquelles nos confrères pourront certainement ajouter des renseignements, surtout en ce qui concerne les personnages cités.

« Copie en forme d'un dénombrement du siècle 1300 tirée de la Chambre des Comptes, pour raison de ce que l'Évêque de Senlis tient de Sa Majesté à cause de son Évêché de Senlis.

Et à la suite

Il y a les noms de personnes nobles et roturières qui relèvent de l'Évêché de Senlis pour raison de quelques héritages. »

(En tête) Soit délivré l'extraict requis, faict ce troisième mars 1626.

(Signé) Amelot.

A Nosseigneurs des Comptes,

Supplie humblement Nicolas Sanguin, Conseiller du Roy en son Conseil d'Estat, Évesque de Senlis, disant : Que depuis qu'il est pourveu de l'Evesché dudit Senlis [1], il naist journellement des contentions entre ses officiers et les particuliers détenteurs des héritages, biens et autres choses subjectes aux redebvances de la temporalité dudit Évesché, qui occasionnent plusieurs procès qu'il désireroit faire estouffer avant la naissance si faire se pouvoit, et n'aiant meilleur moyen pour les régler, que d'avoir recours à quelques déclarations rendues cy devant par ses prédécesseurs Évesques, en la Chambre desdits Comptes, ce qu'il ne peult sans vostre permission. Ce considéré, Nosseigneurs, il vous plaise de...... ordonner extraict estre faict d'une déclaration qui se trouve en l'une des armoires de la Chambre de France, et icelluy luy estre délivré en la manière accoutumée, et vous ferez bien.

(Signé) Moret.

Extrait faict en la Chambre des Comptes du Roy nostre Sire en vertu de l'Ordonnance d'Icelle estant au haut de la requeste cy dessus, d'un dénombrement et déclaration de la

[1] Nicolas Sanguin avait pris possession de son siège le 6 avril 1623. Il fut évêque de Senlis jusqu'au 9 mars 1652.

temporalité de l'Évesché de Senlis, y mentionnés selon et ainsi qu'il ensuit :

Et premièrement :

De la cinquiesme liasse des adveus et dénombrements, déclarations et tiltres du siècle mil trois cents, commençant à la cotte XI^{c}IIII jusques et compris la cotte XIII^{c}XLI, estant dans un grand sac de toille en la première armoire du costé de la cheminée de la Chambre de France, icelluy rouleau cotté XIII^{c}XXXIX.

C'est le dénombrement et déclaration de tout ce que nous Jean, par la grâce de Dieu, Évesque de Senlis [1], tenons à cause de nostre Évesché en temporalité du Roy nostre seigneur et que nous avons baillé de nouvel à Monsieur de Nédonchel, chevallier, conseiller du Roy nostre dit seigneur, par ces présentes lettres scellées de nostre propre scel, données à Senlis l'an de grâce mil trois cents quatre-vingt-trois, le vingtième jour du mois de décembre.

A Senlis :

Premièrement, sur la recepte de Senlis chacun mois : dix mines de bled, quatre mines de sel, trois marcs d'argent fin et un tiers payé par le recepveur d'icelle recepte.

Item sur plusieurs maisons scéans en la ville de Senlis et plusieurs masures près de ladite ville, jardins, aunoiz, vignes, prés et terres arables, c'est assavoir en la Champagne, en la Bretonnerie et en la rue aux Englés [2], chacun an aux quatre termes accoustumés Noël, Pasques, St Jean-Baptiste et St Remy, le jeudy absolue [3] environ mars et environ may, avons environ de droits, cens et argent, soixante-trois livres

[1] Jean Dieudonné, évêque de Senlis de 1369 à 1408 d'après Graves, de 1380 à 1409 d'après MM. Dhomme et Vattier. Il succéda à Adam de Nemours et fut remplacé par Pierre Plaoul.

[2] Pour ces lieux dits, voir le chanoine Müller : *Monographie des Rues de Senlis*, pp. 10, 73, 83, etc.

[3] On appelait ainsi le Jeudi Saint, parce que ce jour-là l'évêque donnait autrefois une absolution solennelle à tous ceux qui avaient été soumis à une pénitence publique. Le souvenir de cette cérémonie s'est conservé dans l'absoute que l'on fait encore ce jour-là dans les églises.

parisis tant pour ladite ville de Senlis comme pour Mons (l'Évêque), Barberie, Ballengny et Chaumont (pour Chamant), payés en nostre hostel à Senlis.

Item pour les villes dessus déclarées, excepté Mons, avons chacun an de rentes environ trois muids d'avoine, trente chappons et vingt poulles. Item pour aucunes corvées deues en laditte ville de Senlis environ mars et en fenoisons, avons environ xl s. Item de aucuns hommes de corps demourant à Oger St Vincent (Auger-Saint-Vincent) et à Mons (Montlévêque) pour les deniers de chef payés en nostre hostel à Senlis chacun an le jour Saint Gervais [1], environ huit deniers. Item ce dit jour de Saint Gervais avons de plusieurs personnes environ neuf livres de cire. Item des religieux de Chaalitz chacun an le jour de Nostre Dame de Septembre trois livres de cire. Item environ la ditte ville de Senlis, avons deux pièces de pré contenans environ vingt quatre arpens, c'est assavoir aux lieux nommés le Guet de Pont et à la Fontaine d'Araines [2]. Item avons près de laditte ville de Senlis environ cent arpens de terres labourables. Item la Forest de Hallate aux lieux appelés le Deffen (?) et les Batis tenant aux bois de Saint Christofle et plusieurs parts de d...... St Rieule aboutissans sur le chemin qui va de Senlis audit St Christofle, environ quinze arpens de bois. Item avons touttes justices en nostre principal hostel de Senlis et aussy ès deux pièces de préz dessus dits et en nos terres propres dessus déclarées avec la seigneurie foncière que nous avons en ladite ville de Senlis et auprès, aux lieux où nous prenons droits cens. Item en la place et ès mettes où l'on tient la foire de St Ladre [3] emprès Senlis, avons justice depuis la veille de la Nostre Dame de Septembre, heure de none tintée à Nostre Dame, jusques au huitiesme jour ensuivant, à l'heure dessus déclarée, quand le prévost de Senlis la reprent pour le Roy nostre sire.

---

[1] Le 19 juin.

[2] Le Gué de Pont et la Fontaine des Arènes, v. Müller, op. cit. pp. 288, 23.

[3] « Aux limites où se tient la foire Saint-Lazare «. Cfr. Müller : op. cit. 300-302.

A Aumont :

En icelle ville avons maison, pressouer et environ cinq arpens de vigne. Item de cens de rentes qui montent environ dix sols en argent et en grains XI mines d'avoine par an et en icelle ville haute justice, basse et moyenne.

A Villemestrie :

En celle ville avons trois moulins : l'un à blé qui nous vault par an environ six muids et demy de bléd, l'autre à tan qui nous rend cinquante sols et l'autre à cousteaux environ quarente sols. Item avons toutte justice esdits moulins et en six masures scéans en cette ditte ville. Item en droits cens environ vingt six livres et cinq mines d'avoine de rente. Item, toutte la rivière si comme elle s'estend depuis la Victoire jusques à la Rabière (ou Rabide) outre Villemestrie et l'usage de pescher ou faire pescher en icelle.

A Mons (Montlévêque) :

En celle ville avons un Chastel et six arpens de vignes. Item trois estangs, la rivière si comme elle se estend depuis la fin de la rivière de Borrès (Borest) jusques à nostre petit estang scéant près la Victoire. Item en terres labourables environ trois cens arpens. Item en droits cens dix huit livres six muids d'avoine et quarente chappons. Item pour roages et forages [1], vingt huit sols. Item à la la Saussaye environ cent arpens de bois. Item en corvées et espolles [2] deux franc et toutte justice basse, moyenne et haulte. Item au Jarrel tenant à Madame de Ermenonville [3] environ sept vingts et seize [4] arpens de bois.

[1] Roage, Rouage ou Rodage : taxe levée sur les voitures, et notamment sur les transports de vins. — Forage : droit sur le vin et particulièrement sur celui vendu en détail.

[2] Épolle ou Épaulage : droit qui consistait à imposer aux serfs la charge de porter certains fardeaux et notamment l'*épaulée* de bois. — Épolle se disait encore d'un droit de justice sur les biens d'une personne décédée. (Ordonnance de 1463).

[3] « Madame d'Ermenonville » est ici Marguerite de Lorris, qui avait apporté la terre d'Ermenonville à son mari Philippe de Villiers, lequel en rendit hommage cette année même 1383 au comte de Dammartin.

[4] A la marge : « Approuvé ce mot de seize en interligne. » Le mot est en effet placé au-dessus de la ligne.

Item un moulin à bled qui nous rend dix muids, et des champs par an environ un muid de grain. Item les exploits de la jûrisdiction exercéé et gardée de par nous, nous rendent quarente livres par an.

A Chament (Chamant) :

En celle ville avons toutte justice aussy comme à Mons, laquelle exercée de par nous et gardée nous rend huit livres par an avec les corvées et espoles qui nous sont deues en laditte ville. Item trente quatre arpens de prés. Item une maison et jardin et vignes qui tient Jean Foucault à présent, avec environ cent arpens de terres labourables, et nous rend de ce environ cinq muids de grain.

A Oignon (Ognon) avons trois arpens et demy de terres labourables.

A Verberie [1] et à Ballagny (sur Aunette) avons cens de rentes lesquels sont déclarés cy dessus, en ceux de Senlis à Verberie avons environ vingt huit arpens de terres labourables. A Ballagny le Jour des Morts, pour cause des pasturages avons par an environ treize mines d'avoine.

A Villiers emmi les Champs [2] avons une maison, cens et champs, et nous vault tout environ trois muids de grain par an.

A Droiselles [3] avons nostre justice de laquelle les exploits nous vallent par an trente quatre sols.

A Berron (Baron) :

En celle ville avons une maison et jardin et justice basse, moyenne et haulte en plusieurs lieux de laditte ville. Item cens, rentes d'avoynes et de chappons et cinquante arpens de terres labourables, et avons pour tout et par an cinquante huit frans. Item de dixmes environ deux queues de vin.

A Sainte Luce [4] :

En icelle nostre hostel, jardin, vignes et garenne scéans au-dessus de Béthisy. Item quatre vingts dix sept arpens de terres

---

[1] Verberie est évidemment ici pour Barbery.

[2] Villers, hameau d'Ormoy-Villers.

[3] Droiselles, hameau de Versigny.

[4] Sainte-Luce, à Béthisy-Saint-Martin. Domaine vendu par l'abbaye de Chaâlis à l'évêque Guérin en 1227.

labourables emprès le dit hostel, et basse justice, moyenne et haulte, et nous vault tout par an neuf muids de grain à la mesure de Crespy.

A Verberie :

En celle ville avons environ quarente deux arpens de terres et unze arpens de préz. Item justice sur aucunes maisons, cens, rentes, vinages et rouages tant à Verberie comme à Francourt [1], tout nous vault par an environ vingt huit frans.

A Boullant [2] :

En celle ville avons nostre maison scéant emprès le moustier et jardin. Item cens, rentes en avoines, chappons et poulles. Item en terres labourables environ quatorze arpens et des champars. Item avons hommes de corps. Item toutte justice, basse, moyenne et haulte. Item environ cinquante-deux arpens de bois, et nous rend toutte la terre dessus déclarée par an quatre vingts quatre francs.

A Buefmont [3] :

Nostre maison où sont les seps pour les personniers de justice ainsy que à Bouillant. Item cens, rentes, champars, et nous vault tout ce que nous avons en laditte ville par an environ trente frans.

A Longueil soubz Thorote :

Nostre maison et jardin scéans sur la rivière ; quatre vingts dix sept arpens de terre et dix arpens de prés dont il y a demy arpent qui est une année à nous et l'autre année à la damoiselle de Soisy [4]. Item trois arpens et demy de vignes, vingt huit

---

[1] Francourt, commune de Saint-Vaast, canton de Pont-Sainte-Maxence.

[2] Bouillant, commune de Crespy. — On appelait son église la « chapelle de l'Evêque » ; son curé portait le titre de conseiller-né de l'Evêque ; l'ancien Hôtel de Bouillant était encore qualifié de Second Hôtel Episcopal au XVIe siècle.

[3] Buefmont, Bœufmont, Bémont, hameau de Russy-Bémont, canton de Crépy. Son église était appelée la « Chambre de l'Évêque ». Ce prélat y avait un manoir.

[4] « La damoiselle de Soisy », probablement pour Choisy ; à moins qu'on préfère lire *Suisy*. Philippe-le-Bel avait donné à titre viager la maison royale de Choisy-au-Bac à Étienne de Suisy, son chancelier. Ce titre viager serait-il devenu héréditaire et la damoiselle en question représenterait-elle Étienne de Suisy ?

arpens de bois en la forest de Laigle *(sic)*. Item cens et rentes et toutte justice basse, moyenne et haulte en nostre hostel et vignes, bois et terres dessus desclarées et en seize hostiex de laditte ville et nous vault tout par an environ trente francs.

Les noms de ceux qui tiennent en fiefs de nous et en arrière fiefs à cause de nostre Évesché tant en la prévosté de Senlis que ailleurs.

Premièrement Madame de Ermenonville à cause de la grande pièce de bois du Jarrel aboutissant sur le chemin aux Poiraux (ou Porcaux) tenant à nos bois, laquelle fut Messire Guy le Bouteiller. Item à cause d'une autre pièce de bois ou dit lieu qui fut Mre Charles de Chambly, chevallier, contenant cinq cens arpens ou environ. Item pour son hostel, jardin et bois de Ponthermer (Pontarmé), toutte la garenne qu'elle a ès bois dessus ditz, la chaussée, paage, rivière, estang, et touttes autres revenues et appartenances du dit Ponthermer et de Thiers.

Messire Pierre de Sermoises [1], chevalier, pour sa terre et maison de Brasseuse et pour sa terre de Courtueil et de Val profonde, si comme tout se comporte.

Les héritiers de feu Monsieur le Mareschal d'Oudenehen pour la maison, terres, bois et appartenances qu'ils peuvent avoir en la ville de Raray .

Monsieur l'Évesque de Beauvais, à cause de sa maison de Tiers et des appartenances d'icelle.

Messire Ferry Cassinel pour une maison et jardins scéans à Sorviller (Survilliers) si comme tout se comporte, et de trente deux arpens de terre assis en plusieurs lieux ou terrouer de laditte ville. Item de XXVIII arpens de bois et de prés scéans au parc dudit Sorviller. Item de dix huit arpens d'autre bois scéans au lieu que l'on dit le Fay et de quatre arpens de prés et demy scéans en plusieurs pièces audit terrouer de Sorviller. Item de quatre petits savouer [2] scéans au dessoubs de la Fontaine Vallois. Item de un arrière fief scéant à la Mortefontaine

[1] Marie de Sermoises devait faire revenir la seigneurie de Brasseuse aux Bouteillier, par son mariage (*Causeries du Besacier*, I et II, passim).

[2] Probablement forme de « savart », friche, lieu inculte.

et d'un autre arrière fief scéant audit Sorviller qui tient Regnault Laisné. Item un autre arrière fief scéant à la Morte-fontaine que tient Geffroy Esté (?) bourgeois de Paris et uu autre scéant à Sorviller que tient Agnès la Roucelle [1]. Item de deux autres fiefs scéans à Sorvillé dont l'un est abrégié [2] et l'autre ne l'est pas, que tiennent les héritiers de feu Lorette, fille de feu Jehan Bourgeois. Item un autre fief à Sorvillé que tient Jean le Leu de Senlis et un arrière fief audit Sorvillé, abrégié, que tient Mre Guy de Couy, chevallier. Item un arrière fief que tiennent les hoirs de feu Monsr Billebault de Coie, chevallier, scéant à la Chappelle. Item un arrière fief scéant à Sorvillé que tient Messire Pierre de St Jean, chevallier. Item deux arrière fiefs scéans à Sorviller, à Plailly et à Belle-fontaine que tient Messire Pierre de Montagu, chevallier. Item un arrière fief scéant à Sorvillé que tient Madame de Villeron. Item deux arrière fiefs scéans à Fosses que tient Adam de Jeugny, escuier. Item un arrière fief scéant à Sorvillé que tient Robinet Mallart, escuier. Item trois arrière fiefs scéans à Sorvillé, dont l'un en abrégié, que tient Miles de Morcourt, escuier. Item un arrière-fief scéant à Sorvillé que tient les hoirs de feu Damoiselle Marie de Chennevières et un autre arrière-fief scéant à Sorvillé que tiennent les hoirs de feu Symon de Charny. Item les cens de la Saint Remy et les rentes de Noël payés en laditte ville audit Mre Ferry (Cassinel).

Guillaume et Rolin Bourgeois enfans de feu Guillaume Bourgeois de Sorviller, pour leur maison et terres scéans en laditte ville de Sorviller que soulloit tenir ledit Guillaume leur père ;

Agnès la Roucelle de Sorvillé pour terres que tient en fiefs de nous et pour trente deux arpens de bois ou Fay vers La Chappelle ou Fournel ; Jean de Ligny, escuier, à cause de sa femme héritière de Robert Miles pour trente deux arpens de terre scéans à Broz (?) que souloit tenir Raulin Bourgeois ;

---

[1] Agnès la Roucelle ou la Rousselle équivaut à la femme de Rousseau.

[2] On appelait fief *abrégié* un fief dont les droits ou les services avaient été diminués. Cfr. BEAUMANOIR : *Coutumes du Beauvaisis*, édit. Beugnot, I, 393 ; — DU CANGE : au mot *Feodum alliatum*, etc.

Gilles de Malgeneste, escuier, pour sa maison, jardins, bois et terre scéans à Malgeneste, si comme tout se comporte.

Monsieur de Villepeste, chevallier, pour un manoir et jardin ainsi comme tout se comporte scéant en la ville de Barberie, tenant de tous costés aux masures de l'abbesse de Montmartre, et deux arpens et demy de terre tenant auxdits jardins et auxdittes masures. Item ou terrouer de Balagny ou Val Fontenay, huit arpens de terre tenans d'une part à l'abbesse dessus déclarée et d'autre part aux terres de St Ladre. Item deux arpens en deux pièces tenant d'un costé et d'autre aux hoirs de feu Guyart Choron. Item de un arrière-fief que tient Jean de Blaincourt, escuier. C'est ascavoir de dix arpens de terre scéans en la Champengne et de dix sols de cens que on luy doit à Mengneville. Item de un autre arrière-fief que tient Henry de Rully à cause de sa femme, contenant neuf arpens de terre ou environ scéans en la Champengne lequel fut à Perrin le Chandelier. Item de arpent et demy de terre que tient Guillaume Morant. Item de trois arpens de terre que tient Jean Bouquet de nous à cause de sa femme. Item de un autre arrière fief que tient Jean Vuendart, sergent du Roy, à cause de sa femme, pour vingt et un arpens et demy de terre ou environ scéans en plusieurs pièces en la Champengne. Item de quatre livres de droits cens payés chacun an audit Vuendart.

Item pour un autre fief que tient Perrin de Lardinière (?) pour six livres de terre et pour plusieurs pièces de terre scéans vers le bois du Conté ou petit chemin qui vient de La Fontaine St Aubert, droit au chemin de Meaux parmy La Saussaye, à Senlis. Item de huit arpens de terre scéans en la Champengne. Item de un arrière fief de treize arpens de terre ou environ que tient Robert le Mareschal dudit Wuendart.

Jean Judas à cause de sa femme, fille de feu Henry du Murat [1] et Robin du Murat son frère, tiennent en fief de nous en la ville de Verberie à cause du fief qui fut feu Guillaume Pinser (?), trente-cinq mines de bled de fiefs et deux mines d'avoyne et cinq poulles deues à Noël. Item neuf sols parisis de cens, deus

[1] Henri du Murat, fils de Galeran, mourut vers 1370. Son fils Robert (le Robin cité ici), fut Gruyer de la forêt d'Halatte, écuyer de cuisine du roi et annobli en 1402.

à la St Martin d'hiver et tous autres cens et rentes qu'ils ont à cause dudit fief en la ville de Verberie ou environ. Le Doyen et Chappitre de l'Église Nostre Dame de Senlis pour toutte leur terre de Gallande qui fut Monsr Gautier de Chambly jadis évesque de Senlis. Sicart le Barbier en la ville ou terrouer et ès appartenances de Longueilg soubz Thorote pour un manoir et jardin si comme l'enclos se comporte, assis au bout de la ville, tenant à la rivière. Item trois arpens de préz ou environ, tenans au Courtil Symon Marcoul d'une part, et au pré Pierre le Boursier, d'autre. Item sept muids de terres labourables en plusieurs pièces ou terrouer de Papiment (?) Item environ seize muids de terre en plusieurs pièces tenue à champart [1]. Item deux masures qui doivent chacun deux mines d'avoine, une poulle, une corvée et six deniers de cens payans à la St Remy. L'une des masures assises devant le Moustier de Longueilg et l'autre devant l'Ourmel de la Barre. Item environ une mine de terre joignant de la closture Symon Marcoul qu'il doit une poule, une corvée et trois deniers de cens à la St Remy et deux mines de blé quand elle porte bled et deux mines d'avoine quand porte avoine. Item environ vingt sols de menus cens deus à la St Remy, cinq sols a la St Jehan Baptiste. Item environ une mine de vigne au chemin de Lourme (l'Orme) qui soulloit estre laissée pour les cens. Item deux hommages dont Simon Marcoul tient l'un et Pierre le Boursier l'autre, et partout ès lieux dessusditz basse justice, moyenne et haulte.

Le Borgne de Rouvroy [2] à cause de son pré pour la terre Charmel joignant de Longueilg soulz Thorotte et pour sa terre du Maréz où il demeure.

Et certiffions par ces présentes que des choses dessus déclarées, baillé par nous pour dénombrement par nos prédécesseurs Evesques, n'a aucune chose conquis ou acquesté depuis cinquante ou soixante ans, excepté deux clos de vigne scéans à Mons, l'un aquesté par notre prédécesseur contenant environ deux arpens, et l'autre par nous contenant environ sept

[1] Le champart était le droit du seigneur de prendre sur la récolte une certaine quantité de gerbes. Il était l'équivalent laïc de la dime, prélèvement ecclésiastique.

[2] Mathieu de Rouvroy, dit le Borgne.

quartiers. Et faisons protestation si par ignorance oudit dénombrement avons peu ou trop déclaré, de y diminuer, accroistre ou déclarer plus clairement qu'il n'est en iceluy, combien que nous l'ayons baillé et déclaré le mieux et le plus au vray que nous pouvions, selon ce que nous pouvions scavoir à présent par les Chartres et enseignemens de ce que nous tenons en Episcopalité du Roy nostre Seigneur. Donné comme dessus.

Collation du présent extraict contenant six feuillets, cestuy compris, a esté faict à l'original dudit adveu et dénombrement y mentionné, en vertu du décret de la Chambre estant au hault marge de la Requeste escripte au premier février, par moy Conseiller du Roy et auditeur en sa Chambre des Comptes soubsigné, le dixième jour de mars mil six cens vingt six.

(Signé) Brayelles.

Bibl. Nat. F. Fr. 26330 (Blondeau, 22), p. 55 à 86.

VI

Topographie Médicale de Senlis

EN 1785

Topographie Médicale de Senlis

EN 1785

Vers 1785, le *Journal de Médecine, Chirurgie, Pharmacie, etc.*, institua une enquête sur les hôpitaux civils et, par extension, sur ce qu'il appela la *Topographie médicale* des différentes localités du royaume. C'est dans le numéro de décembre 1785 de ce journal que nous avons trouvé (p. 529 à 541) la *Topographie médicale de Senlis*, par M. Duval, médecin de l'Hôtel-Dieu [1].

Après une description succincte et assez exacte de la ville, de ses environs et des deux petites rivières qui l'arrosent, la Nonette et l'Aunette, l'auteur continue ainsi :

« Les eaux des deux rivières roulent sur un terrain gras et marécageux, quelquefois calcaire et séléniteux, ce qui en altère la pureté, et les rend incommodes aux estomacs faibles et délicats ; elles cuisent cependant bien les légumes ; mais le savon s'y dissout avec un peu de peine. Ces rivières fournissent de bon poisson.

« Parmi beaucoup de puits qui se trouvent dans la ville, il n'y en a qu'un, celui de la place Notre-Dame, dont l'eau équivale à celle de la rivière ; tous les autres fournissent une eau crue séléniteuse, incapable de dissoudre le savon et de faire cuire les légumes ; aussi la plus grande partie de la ville use de l'eau de la rivière pour boisson ordinaire.

« Si les eaux de Senlis ne réunissent pas toutes les qualités que l'on pourroit désirer, on ne peut que se louer de l'air qu'on y respire. En effet, la sécheresse et la chaleur que communiqueroient à la ville les campagnes sèches et sablonneuses dont

---

[1] Ce M. Duval appartenait à une famille qui a laissé des représentants à Senlis sous le nom de Duval-Faron. Je pense qu'il était le grand-père ou l'oncle d'un économiste assez connu du milieu du XIXe siécle, Jules ou Léon Duval, lequel était Senlisien.

elle est environnée, sont corrigées par le voisinage des forêts et par l'humidité que répandent les rivières; en même temps l'éloignement peu considérable de la forêt, le libre cours des rivières, la nature du sol et l'élévation de la ville qui entretient la circulation dans l'athmosphère, ne permettent jamais que l'humidité soit trop grande, ou que les vapeurs qui s'exhalent soient dangereuses ou méphitiques. On a, d'ailleurs, mis en usage tous les moyens pour rendre l'air pur, tempéré et salubre. Les rues sont inclinées et facilitent l'écoulement des eaux; les maisons sont vastes, presque toutes ornées d'un jardin; et la plus grande propreté règne par toute la ville. On a pratiqué du côté du Nord une promenade élevée, couverte d'arbres; et les remparts sont garnis de plantations qui servent en même temps à embellir la ville, et à rendre l'air plus doux et plus agréable.

« Les vents qui règnent le plus souvent à Senlis sont ceux du Nord, du Nord-Est et de l'Est. Les orages y sont peu communs, soit parce que les vents d'Ouest et de Midi y soufflent rarement, soit parceque les nuées orageuses qui se forment dans les environs, se dissipent sur la forêt, ou sont entraînées par la rivière d'Oise, qui se trouve à deux lieues de Senlis.

« Quoique le sol de Senlis et des environs soit en généra sablonneux et peu propre à la culture, les rivières y forment des praieries; et, dans les endroits les plus fertiles, on cultive avec succès toutes sortes de légumes, mais particulièrement des artichauds qui ont une qualité particulière, et dont on porte une grande quantité à la capitale.

« Le nombre des habitans est de quatre à cinq mille. L'aisance y est générale; les alimens dont on use sont de bonne qualité; le vin y est bon, et s'y conserve longtemps. On y jouit généralement d'une heureuse santé et l'on y voit beaucoup de personnes pousser leur carrière jusqu'à l'âge le plus avancé.

« Les maladies qui règnent à Senlis sont, en général, celles que produisent partout la vicissitude des saisons, ainsi que la variété des constitutions et du régime. On observe cependant que les maladies ont un caractére dominant d'inflammation, que les phthisiques parcourent avec assez de rapidité les différentes périodes de leur maladie, que les maladies de peau y sont assez communes, et qu'on rencontre des goëtres et des humeurs froides, etc. L'on trouve facilement l'explication de ces particularités dans la sécheresse et la vivacité de l'air qui domine le plus souvent, et dans la mauvaise qualité des eaux... »

Après ces généralités, l'auteur en vient à la description de l'Hôtel-Dieu (p. 533) :

« L'Hôtel-Dieu de Senlis — dit-il — est situé dans un endroit très sain. Le principal corps de logis peut être considéré comme une église, dans l'intérieur de laquelle on a pratiqué des salles pour les malades ; et autour de cette église se trouvent plusieurs autres bâtimens propres à placer les personnes et les choses qu sont nécessaires pour le service de la maison.

« L'entrée est au midi par un vestibule de quinze pieds quarrés ; à droite de ce vestibule est la pharmacie ; à gauche sont la cuisine et d'autres bâtimens pour les sœurs. En face est la porte de l'église, qui conduit à une nef qui a cinquante quatre pieds de long sur quarante pieds de large, et cette nef se trouve divisée dans toute sa longueur en trois parties par le moyen de deux cloisons, formées par des grillages de bois. La partie du milieu, qui a quinze pieds de large, sert de nef, et conduit au sanctuaire qui est en face ; les deux parties latérales qui ont chacune douze pieds et demi de large, servent de salles pour les malades. Celle qui est à gauche contient huit lits, et sert pour les hommes ; celle qui est à droite en contient sept et est destinée aux femmes... »

Le nombre des lits avait diminué depuis le XVIe siècle, car en 1515, on en comptait vingt-quatre.

« Le long de la salle des hommes — continue le docteur Duval — est un jardin, et à son extrémité supérieure un chauffoir pour les malades ; et leur promenoir est une grande cour qui règne dans toute la longueur de la salle des femmes.

« On trouve à la pharmacie tous les médicamens d'un usage journalier, et on tire du dehors ceux dont l'usage est plus rare. Le régime des malades est bien réglé ; celui des convalescens se ressent de l'abondance qui règne dans la maison ; ils ont une soupe le matin, une soupe et du bouilli à dix heures, le goûter à cinq, composé d'une soupe et d'un peu de rôti.

« L'administration de l'Hôtel-Dieu est composée de MM. le Lieutenant Général et le Procureur eu Roi, du Maire de Ville, du premier Échevin et d'un receveur administrateur [1]. Il y a cinq sœurs de charité pour le service... »

Le nombre des religieuses attachées à l'Hôtel-Dieu de Senlis avait beaucoup varié. A la fondation, douze sœurs augustines assuraient le service, aidées par deux sœurs laïques. Au XVIe siècle, nous ne trouvons plus que trois religieuses. Comme on le voit ici, le chiffre s'était un peu relevé à la veille de la Révolution.

Nous arrivons maintenant à l'Hôpital Général, c'est-à-dire au seul hospice qui existe encore à Senlis et qui a pour origine la transformation, en 1651, de la léproserie de Saint-Lazare en Hôpital.

« L'Hôpital Général, écrit M. Duval, est formé pour donner un asile et des secours de toute espèce à cinquante deux hommes indigens, et à autant de femmes de la même classe. On y reçoit aussi soixante enfans de l'un et de l'autre sexe. tous nés des pauvres de la ville. Les bâtiments qui composent cet hôpital sont vieux et sans uniformité, mais il s'y trouve cependant des logemens séparés pour les différentes espèces de pauvres, et des infirmeries pour l'un et l'autre sexe.

« Le régime de cette maison est très salubre. Les pauvres ont de la viande quatre fois par semaine, à midi et le soir; les autres jours on leur donne des légumes. Les hommes mangent de la soupe trois fois par jour quand ils travaillent. Les femmes et les enfans n'en ont jamais que deux fois. Ces derniers n'ont qu'une fois de la viande par jour.

« L'administration est composée de M. l'Évêque, d'un Député du bailliage, d'un Député de l'Élection, du Maire de ville, de deux Marchands et d'un Receveur pour le bled. Il y a sept Sœurs pour le service de cet Hôpital, et de plus un Chapelain et un Maître d'Ecole. »

Le Rapport du docteur Duval se termine par quelques renseignements très sommaires sur les maladies les plus fréquentes

---

[1] C'est à peu près la forme d'administration prescrite par la Déclaration de 1698.

à Senlis et notamment sur une épidémie qui, au cours de l'automne de l'année 1783, décima les enfants de la ville.

L'éditeur du Journal fait suivre le travail de M. Duval de quelques *Réflexions* sur cette épidémie infantile et la compare à une maladie analogue qui s'était produite, deux ans auparavant, en 1781, à Treignac, en Limousin.

En passant, le prétentieux médicastre félicite les Senlisiens de leurs maux, en constatant avec satisfaction qu'ils confirment les décisions d'Hippocrate relatives à la concordance entre la constitution physique des hommes et celle du sol où ils vivent.

« Les villes — dit le père de la médecine (HIPPOCR. *de Aere, locis et aquis*, cap. II, édit. Haller) — qui sont exposées aux vents froids entre le couchant et le levant, et qui sont à l'abri des vents du Midi et des vents chauds, doivent présenter ce caractère : les eaux y sont dures, crues, froides et douceâtres. Les hommes y sont robustes et secs ; ils ont le ventre serré, la poitrine humide ; les tempéraments y sont plus bilieux que pituiteux, et les maladies qui règnent le plus communément sont aiguës ou inflammatoires. La phtisie est assez commune, particulièrement à la suite des couches ; mais cependant on y voit des vieillards fort avancés en âge. »

Sur cette dernière phrase, consolons-nous donc, pauvres gens de Senlis, d'avoir le ventre serré et la poitrine humide, et d'être plus bilieux que pituiteux, puisque cela ne nous empêche pas de vivre vieux, et que, par surcroît, nous avons l'honneur insigne d'être la preuve vivante des théories du grand médecin de Cos. Mais félicitons-nous, en même temps, de ce que, depuis Hippocrate, et même depuis l'époque, plus rapprochée de nous, où M. Duval régentait l'Hôtel-Dieu de Senlis, la médecine ait fait quelque progrès.

VII

DESCRIPTION DE LA TERRE ET SEIGNEURIE D'ERMENONVILLE

(Milieu du XVIIe siècle)

DESCRIPTION DE LA TERRE ET SEIGNEURIE

D'

ERMENONVILLE

(Milieu du XVIIe siècle)

Le domaine d'Ermenonville, tant par son importance territoriale que par la notoriété de ses propriétaires successifs, a toujours tenu une grande place dans l'histoire de notre région. Une ancienne description de ce domaine et de son château me paraît donc présenter quelqu'intérêt. Je me permets de communiquer à mes confrères un document trouvé dans les manuscrits de la collection Blondeau, de notre Bibliothèque Nationale [1], lequel document porte le titre suivant :

« Déclaration de la terre et seigneurie et vicomté d'Hermenonville, scituée près l'abbaye de Châlis, à une lieue et demie de Dampmartin, à deux grandes lieues de Senlis et qui est dépendante du bailliage dudit Senlis. »

La pièce de la collection Blondeau n'étant qu'une copie, j'ai vainement cherché l'original. J'ai notamment tenté de savoir si cet original ou quelqu'autre copie existait encore dans les archives d'Ermenonville ou si, tout au moins, cette Déclaration y était connue. N'ayant obtenu aucune réponse à ma demande de renseignements, je suis obligé de passer outre et de donner mon document tel quel.

---

1 Fonds Français, 26331. fol. 247, 248, 249. Fiefs et domaines, Seigneuries diverses.

Ce document n'est pas daté ; mais nous pouvons, d'après son contenu, rétablir avec quelque certitude l'époque à laquelle il a été composé.

Il est, d'abord, tout à fait certain que sa rédaction est postérieure à l'année 1632, date à laquelle le comté de Dammartin passa à M. le prince de Condé, à la suite de sa confiscation sur le dernier maréchal de Montmorency. Nous y lisons, en effet, que la majeure partie de la terre d'Ermenonville relève dudit M. le Prince, « à cause de son comté de Dampmartin ».

Mais je crois pouvoir préciser davantage.

Ce genre de Déclaration féodale ayant lieu surtout lorsqu'une seigneurie changeait de propriétaire, je suis convaincu que celle que j'ai retrouvée dut être rédigée lors de l'échange d'Ermenonville contre Marans en 1654 ou peut être un peu plus tard, lors de la transmission du domaine aux Lombards, c'est-à-dire vers l'année 1660. Ni le style, ni le texte de la pièce ne viennent donner un démenti à cette hypothèse. Je me crois donc suffisamment autorisé, jusqu'à preuve du contraire, à dater notre document, avec une certitude suffisante, du milieu du XVIIe siècle.

Certains détails de la description du château donnent une haute idée de l'importance de cette grande seigneurie au commencement du règne de Louis XIV et me paraissent devoir attirer particulièrement l'attention. Je citerai notamment, dans la nomenclature des appartements du principal corps de logis, l'indication de la grande salle d'armes du premier étage, « aussi grande que celle des Gardes du Vieil Louvre », dit notre texte, et contenant un véritable arsenal, « pour armer deux cens hommes ».

Toute cette description mérite, d'ailleurs, d'être lue.

Il en est de même de celle des potagers et aussi de celle du parc, de style français, bien entendu, mais agrémenté déjà des belles eaux qui font encore aujourd'hui la gloire des célèbres jardins anglais créés au XVIIIe siècle. Tel qu'il était alors, Ermenonville constituait déjà un magnifique séjour de campagne. Je laisse à des confrères plus compétents le soin de voir ce qu'on peut tirer de notre description pour la comparaison de l'ancien Ermenonville avec le nouveau, c'est-à-dire avec celui du marquis René de Girardin. Il y aurait là, me semble-t-il, une curieuse petite étude à faire.

Je dois encore signaler à l'attention les renseignements donnés sur l'exploitation du domaine — notamment sur les bois aménagés à neuf ans — et sur l'estimation de ses revenus qui s'élevaient à un total de près de 15.000 livres. Il faudrait au moins quadrupler cette somme pour estimer sa valeur comparative actuelle.

Nous trouvons enfin quelques indications intéressantes sur la situation féodale du domaine qui relevait partie du comté de Dammartin, comme nous l'avons dit plus haut, et partie du roi « à cause de son chasteau de Senlis ».

Parmi les droits possédés par les seigneurs d'Ermenonville, nous trouvons relaté le curieux privilège relatif aux chasse-marées. Ces vendeurs de poisson, apportant leur marchandise fraîche de Calais ou de Dieppe à Meaux, devaient, sous peine de confiscation, s'arrêter au château d'Ermenonville, dont le seigneur avait le droit de prélever sur leurs bourriches ce qui était à sa convenance. Le paiement en était fait lors du retour du chasse-marées, au prix du marché de Meaux, constaté par un certificat en bonne forme.

Je crois en avoir dit assez pour montrer l'intérêt que peut présenter le document dont il s'agit et dont il ne me reste plus qu'à donner le texte.

Déclaration de la terre et seigneurie et vicomté d'Hermenonville scituée près l'abbaye de Châlis à une lieue et demie de Dampmartin, à deux grandes lieues de Senlis et qui est dépendante du bailliage dudit Senlis.

Elle consiste en haute, moyenne et basse justice et a plusieurs terres qui en relèvent, entr'autres celle du Plessis Guénégault ;

En un chasteau environné d'un grand fossé d'eau vive, revêtu de gresserie et large de huict toises, avec deux ponts levis, l'un pour entrer de la basse court dans ledit chasteau, et l'autre par derrière pour en sortir et entrer dans le parterre qui aboutit à une allée à perte de veue, à côté de laquelle et du dit parterre sont des canaux d'eaue, et deux allées aux deux costés dudit parterre, couvertes de beaux arbres, et à côté gauche et tenant d'un costé ledit parterre, d'autre costé la petite rivière, sont les praieries qui contiennent vingt huict arpens dépendans de ladite terre. La basse cour est composée de plusieurs écuries, estables, bergeries, granges, hangard, colombier à pied, où il y a cinq mille six cens boulains [1] et bien peuplé de pigeons, avec la maison du portier et jardinier, le tout couvert en thuille.

Laditte basse cour environne le chasteau et fait un demy cercle du costé gauche en entrant ; au bout de laquelle est une porte cochère, pour entrer dans le préz, et à droite est un potager qui fait la même figure que ladite basse cour et règne jusques au parterre du château séparé d'un canal, lequel potager est rempli d'arbres nains et espaillers ; on en sort pour entrer dans une allée qui conduit à l'Églize, laquelle ditte esglize est très belle, bien voutée de pierre de taille, le cœur,

[1] Boulin, sorte de pot de terre servant de nid aux pigeons dans les colombiers.

la nef et chapelles très bien parées, le grand autel de marbre, à côté duquel sont les épitaphes de Messieurs de Vic; il y a aussi un banc pour le seigneur et une cave (caveau) qui prend sous le crucifix jusques au grand hostel *(sic)*.

Le chasteau est bien baty et est composé d'un très beau corps de logis qui a veue sur le parterre et sur la cour. Dans le bas sont une grande salle et deux autres grandes chambres parquetées et une autre grande salle au dessus aussi grande que celle des Gardes du Viel Louvre, dans laquelle sont six de petits canons et quantité de fusils, mousquets, picques, hallebardes, et autres armes, rangés autour de la ditte salle contre les meurailles depuis le haut jusques en bas, pour armer deux cens hommes; et encorre deux autres belles grandes chambres à l'autre bout de ladite salle, bien parquetées, belles croisées, et châssis de verres, au bout de laquelle salle, dans une tour, est une très belle chapelle du prieuré fondée par les seigneurs, et le prieur obligé de résider et faire dire une messe tous les jours.

Des deux costéz de ce corps de logis sont deux grand bastimans qui se joignent à la grande porte en entrant où il y a quantité de chambres, antichambre, cabinets et garderobbe, plusieurs escalliers dégagéz et le tout flanqué de six tours et une orloge au haut du grand escalier. Il y a un puis dans la cour du chasteau dont on a tiré de très bonne eaue, et quoique les fosséz soient plains d'eaue, il y a de très belles caves voûtées touttes de gresserie, au dessous du grand corps de logis dont les murailles par bas ont sept pieds d'épaisseur.

La porte de la première entrée est très belle, vis à vis de laquelle en sortant est une grande grille de fer par laquelle en traversant la rue du village, on entre dans un autre grand jardin potager dans lequel il y a quantité d'espalliers, contre espalliers et arbres nains à fruits de touttes sortes et plusieurs allées, entr'autres celle vis à vis la grille, aux deux costéz de laquelle sont deux canaux revestus de pierre dure, plains d'eaue vive et dont la source qui est sur une hauteur descend dans les dis canaux qui sont dans le dit potager; au bout de laquelle allée est un grand escalier de vingt ou vingt-cinq degrés de pierres piquées, et des deux costéz une rampe de fer; au haut duquel escalier est une allée couverte d'arbres qui fait séparation et sert de chaussée d'un estang de trante à quarante arpens d'eaue qui est belle et qui a cheute dans l'un des canaux dudit jardin potager ; lequel estang se remplyt d'eaue de la petite rivière qui vient d'un village appelé Ver des montagnes qui l'environne, duquel estang qui est élevé plus haut de trante pieds que ledit parterre et jardin, on peut faire des jets d'eau où on voudra, de plus de trente pieds de haut ; au bout de laquelle allée ou chaussée qui est revestue tant du costé de l'estang que du potager, de gresserie, est une porte cochère pour sortir dans une des rues du village et dans la plesne ; et de l'autre bout en faisant un escalier comme le précédent, on pourroit entrer dans les bois en faisant un arche par dessus la petite rivière.

Dans ce mesme endroit est un moulin bien basty qui n'est pas en estat de tourner et vaudroit bien trois cent livres, sans faire tort à celuy dont sera cy après parlé.

Entre ladite rivière et ledit estang est une grande allée plantée. Le grand moulin bannal est joignant le grand estang à cinq cens pas du chasteau, affermé mil livres, cy.... 1000 l.

Le dit grand estang contient au moins quarante ou cinquante arpens d'eaue, remply par ladite rivière et au bout est une fourcière [1] contenant aussy trois arpens d'eaue ; l'on pesche tous les ans l'un ou l'autre des dits estangs, qui valent tous frais faits par chacune année, la somme de douze cents livres, cy .... 1200 l.

Autours desquels sont aulnois, auzerayes et saulsoyx qui se coupent, sçavoir, les aulnes de six en six ans, les saulx de trois en trois ans, et les oziers tous les ans, et vallent par chacun an au moins cent quatre vingt livres, cy ...... 180 l.

Les colombiers et tourelles ont esté affermées jusques à cent livres par chacun an, cy........................... 100 l.

Les censives et droits seigneuriaux valent au moins la somme de cent cinquante livres, cy........................ 150 l.

Le greffe et tabellionage a esté affermé par an la somme de cinquante livres, cy........................... 50 l.

[1] Foursière ou Froissière, réservoir rempli de carpes.

Il y a trois fermes qui se joignent et sont près de l'église ; l'une appelée Pied-de-fer est très bien bastye et de neuf couverte de tuille, et la grange pareillement. Les deux autres fermes sont composées de manoir, granges, estables, écuries, bergeries couvertes de tuilles et chaume ; elles sont composées de cinq cent trente six arpens quarante perches, tant terres que préz, afferméz par chacun an la somme de quatre mil neuf cens soixante deux livres douze sols, cy................ 4962 l. 12

Outre les prés dépendans du chasteau afermés quatre cens cinquante livres, cy .... 450 l.

Les garennes ont esté affermées à mil livres, cy.... 1000 l.

La paisson des porcs est, quelques années, affermée jusque à la somme de trois cens livres, cy.................... 300 l.

Il y a onze cens arpens de bois taillis qu'on peut régler en neuf coupes qui sont l'une portant l'autre cent vingt arpens par chacun an qui valent assurément cinquante livres l'arpent qui est par chacune année la somme de six mil livres, cy.. 6000 l.

Les chasse-marées qui passent de Callais ou Dieppe pour Meaux frappe (nt) à la porte du chasteau et sont tenus de donner de la marée pour le pris qu'elle est vendue à Meaux, d'où ils sont obligéz d'apporter certificat sur lequel on se règle pour payer celle qui a esté prise par le seigneur, et à faute par les chasse-marée d'avertir, on les peut arrester et leur marchandise confisquer.

La ditte terre relève de Monsieur le Prince à cause de son comté de Dampmartin, excepté touttefois le chasteau et forteresse, fosséz, arrière-fosséz, colombier, petite basse-cour, préclosture et justice en icelle, tenue du Roy à foy et hommage à cause de son chasteau de Senlis. Suivant plusieurs anciens tiltres et adveus rendus par les seigneurs du dit Ermenonville aux seigneurs et comtes de Dampmartin, ledit seigneur a, en tout le circuit général de laditte terre, droit de garenne et de chasse au roux et au noir et menu, à cor et à cry, harnois et filets, et à faire hayes et buissons et en toute sorte qu'il luy plaist privativement, sans qu'il soit loisible à aucune personne y chasser ny mener par dedans lesdits bois, forêts et garennes aucuns chiens, s'ils ne sont couplés, excepté le Roy et son fils aisné tant seulement et non autres.

Suivant les dits tiltres et aveus, il y a eu autrefois four banal, et ledit seigneur a droit de confiscation de chevaux et farine passant sur la ditte terre, sy elle n'a esté moulue audit moulin, et droit de courvées pour faire les foins.

Somme totalle du revenu de la terre d'Hermenonville .... 14392 l. 12 s.

VIII

L'INSTITUTION
DES
Enfants des Chevaliers de Saint-Louis
à Senlis et à Vaugirard

(1815-1827)

L'INSTITUTION

DES

Enfants des Chevaliers de Saint-Louis

à Senlis et à Vaugirard

(1815-1827)

I

L'Association paternelle des Chevaliers de Saint-Louis avait été fondée en 1815, dès le retour des Bourbons, sur l'initiative du baron Hyde de Neuville, le célèbre et énergique homme politique royaliste, et sous le patronage du prince de Condé, qui avait eu comme chef de l'armée des émigrés, un grand nombre de Chevaliers de Saint-Louis sous ses ordres. Le premier but que se donna cette association fut la création d'une maison d'éducation destinée aux enfants des chevaliers de Saint-Louis ruinés par la Révolution. Une section pour les filles, confiée à des religieuses Augustines, fut installée à Versailles. Mais la fondation dont on attendait le plus de résultats pratiques était naturellement l'école destinée aux garçons.

Lorsqu'il s'agit d'établir cette école, il n'est pas étonnant qu'on ait songé à Senlis, puisque Chantilly, résidence du Prince, protecteur de l'Œuvre, était voisin de cette ville, laquelle, par sa situation, son air salubre, ses belles promenades et l'esprit conservateur et loyaliste de sa population, se prêtait admirablement à une installation de ce genre.

Senlis fut donc choisi et l'Institution des Chevaliers de Saint-Louis s'y installa immédiatement dans une maison de la rue de Meaux — ancienne dépendance du Couvent de la Présentation très appropriée à un usage scolaire — et elle commença à fonctionner sous la direction des anciens Bénédictins de la Congrégation de Saint-Maur, avec Dom Marquet pour supérieur.

Le prince de Condé, n'était pas, du reste, le seul personnage de la famille royale qui s'intéressât à la maison de Saint-Louis.

Le chevalier de Bourbon-Conti (Marie-François-Félix), un de ces nombreux rejetons parasites que les membres de la Maison de Bourbon ont si souvent fait pousser sur leur arbre généalogique, — fils de l'avant-dernier prince de Conti — était membre du conseil d'administration de l'Association paternelle [1].

A cet appui — de la main gauche — vint bientôt s'ajouter un puissant témoignage d'approbation d'une vraie princesse, la plus proche du trône, et que sa qualité de fille de Louis XVI et de Marie-Antoinette auréolait d'une couronne de respectueuse sympathie.

Broisse nous apprend, en effet — ses *Recherches historiques sur la Ville de Senlis* (Senlis, imp. Desmarets, 1835) — que le 15 septembre 1817, la duchesse d'Angoulême fit tout exprès le voyage de Senlis, dans le but de visiter le Collège des Enfants de Saint-Louis. La princesse parcourut toute la maison conduite par le Directeur avec lequel elle entra dans les plus grands détails sur l'organisation de l'établissement.

Nous ne connaissons que très imparfaitement les conditions auxquelles Dom Marquet avait pris la direction du Collège en 1815.

[1] Né à Paris le 22 décembre 1772, ce personnage était le cadet de deux des fils naturels que Louis-François, prince de Conti, avait eu d'une femme dont l'identité n'a pu être établie. Bien que son père l'ait reconnu par un codicille du 31 juillet 1776, il porta d'abord le nom de Chevalier de Bonrbon-Hattonville, et ne prit celui de Bourbon-Conti qu'en 1815, avec l'autorisation du roi Louis XVIII. Il épousa, le 20 avril 1828, Mlle Herminie de la Brousse de Verteillac, dont il n'eut pas d'enfants, et mourut le 6 juin 1840. (V. L. Dussieux : *Généalogie de la Maison de Bourbon*. Paris, 1872 ; — *Intermédiaire des Chercheurs et des Curieux*, 1895 et 1902 ; etc.). Il est impossible de prendre ce chevalier de Bourbon-Conti pour un chevalier de Contye, maréchal de camp, gentilhomme du prince de Condé à Chantilly, dont il question dans les travaux de MM. le chanoine Müller et G. Macon, sur Chantilly. Ce chevalier de Contye mourut en 1819. Il ne peut donc y avoir aucune confusion.

Nous savons seulement, par le traité de son successeur, duquel nous parlerons bientôt, que cette direction avait le caractère d'une véritable entreprise à forfait. L'*Association Paternelle des Chevaliers de Saint-Louis* lui avait consenti un prêt de 25.000 francs pour l'aider à la création du Collège. Elle y avait ajouté, peu après, une autre somme de 10.000 francs. Ces sommes — ou tout au moins la principale — ne devaient pas porter d'intérêt, mais étaient remboursables par annuités de 5.000 francs prélevées sur le prix des pensions à partir d'une époque que nous ne connaissons pas exactement. Moyennant ces 35.000 francs et en échange du patronage que lui donnait l'Association, Dom Marquet devait tenir à la disposition de l'Association paternelle la plus grande partie des places d'élèves disponibles et accepter sa surveillance et son contrôle.

Comme on le voit, ces conditions ne constituaient pas un « pont d'or » pour Dom Marquet. S'il les accepta, néanmoins, c'est sans doute, comme nous le verrons tout à l'heure dans le traité de son successeur, que les Bénédictins de Saint-Maur, alors dissous et dispersés, espéraient se servir du Collège des Enfants de Saint-Louis pour se faire reconnaître de nouveau comme congrégation enseignante et en faire le point de départ d'une nouvelle existence légale.

Malheureusement, Dom Marquet ne devait pas rester longtemps à la tête du Collège Saint-Louis à Senlis. Moins d'un mois après l'honneur qu'il avait reçu de la visite de la duchesse d'Angoulême, c'est-à-dire le 12 octobre 1817, il mourait presque subitement, et sa disparition amenait une crise grave dans la marche régulière de la paisible maison.

Les négociations pour lui donner un successeur commencèrent immédiatement entre les représentants officieux, mais autorisés, de l'ex-congrégation de Saint-Maur et le Conseil d'administration de l'*Association paternelle des Chevaliers de Saint-Louis*.

Le choix du Directeur à nommer en remplacement de D. Marquet, appartenait naturellement au Conseil d'administration de cette Association, dont la libéralité avait permis la fondation du Collège. Ce Conseil était représenté par trois délégués, tous chevaliers de Saint-Louis, cela va sans dire :

le chevalier de Bourbon-Conti, dont nous venons de parler, qualifié alors colonel ; un autre colonel, M. Mathieu de Charrin et le lieutenant-colonel Micault (Mathurin-Jules-Anne), chevalier de la Vieuville. Ce sont ces trois délégués qui furent chargés de traiter avec le nouveau Directeur, choisi d'accord entre les parties : Dom Groult d'Arcy, ancien bénédictin de la Congrégation de Saint-Maur, comme D. Marquet, son prédécesseur. Ce traité fut l'objet de conventions sous seings privés passées à Paris le 6 février 1818, au siège des séances du Comité, 45, Neuve-Saint-Roch, en présence de M. Colin, avocat, « chevalier de l'Ordre du Roi et de la Légion d'honneur », et conseil juridique de l'Association [1].

II

Le nouveau directeur du Collège des Chevaliers de Saint-Louis n'était pas le premier venu.

Nicolas-Joseph Groult était né le 3 septembre 1763 à Montebourg (Manche). Son père, Jacques Groult, possédait une petite terre nommée Arcy, et suivant l'usage du temps, il fit prendre ce nom à figure nobiliaire à son fils qui s'appella toujours depuis : Groult d'Arcy. On a prétendu que le village qui servit ainsi de parrain au jeune Nicolas Groult était Arcy, à 3 lieues de Compiègne. Je ne demanderais pas mieux que Dom Groult fût notre compatriote..... ou à peu près. Mais j'ai peine à croire à cette identification. Bien que je n'aie pu faire de recherche complète à ce sujet — qui me paraît, du reste, n'en pas valoir la peine — il me semble que la famille de Gouy

[1] Outre les parties ci-dessus, la pièce originale est également signée par le Maréchal de Coigny et par M. de la Live, président de la Commission des finances de l'Association. Ce curieux document, acheté par moi il y a trente ou quarante ans, faisait partie de mes papiers. Je l'ai offert à mon excellent confrère M. Amédée Margry, qui l'a publié intégralement dans ses précieuses *Notes pour l'Histoire de Senlis*, et qui a eu la bonne pensée — à laquelle je suis heureux de m'associer — de le donner aux archives de notre vieux collège de Saint-Vincent.

d'Arcy qui avait depuis longtemps la seigneurie de cette paroisse, dont elle tire son surnom, la possédait encore à l'époque de la naissance de Nicolas Groult, en 1763. Je pense donc qu'il faut chercher ailleurs l'origine du surnom pris par le personnage qui nous occupe, à moins que les Groult fussent originaires de notre Arcy et y aient possédé quelque petit domaine ayant pu servir de prétexte à une usurpation de ce genre.

Quoi qu'il en soit de cette prétention, le jeune Nicolas-Joseph, d'abord élève de la Congrégation des Bénédictins de Saint-Maur, entra dans cet ordre après ses études, fut ordonné prêtre en 1789 et nommé professeur à Auxerre, en 1790. Nous ne savons ce qu'il devint pendant la tourmente révolutionnaire; mais nous le retrouvons docteur de Sorbonne et principal du Collège d'Autun, en 1803. Membre de la Société d'Agriculture, sciences et arts de cette ville, il était nommé, en 1807, chanoine honoraire de la Cathédrale. En 1809, il abandonnait le Collège d'Autun pour se charger de l'éducation des enfants du duc de Montesquiou. Cette tâche terminée, il était nommé en 1813 professeur à la Faculté de théologie de Sorbonne, dont il conserva le titre et les fonctions presque jusqu'à sa mort (jusqu'en 1838) ; et enfin, en 1818, il traitait, comme nous venons de le dire, avec les Délégués de l'Association Paternelle et assumait la direction du *Collège Royal des fils de Chevaliers de Saint-Louis,* à Senlis.

Comme son prédécesseur, Dom Groult d'Arsy prenait cette direction « à ses risques et périls » (art. 1), moyennant le versement que lui faisait à titre d'avance l'Association Paternelle, d'une somme de 10.000 francs dont il se reconnaissait débiteur (art. 9). Il prenait également à sa charge (art. 7), le prêt de 25.000 francs, consenti à Dom Marquet par la même Association pour la création du Collège, et la seconde somme de 10.000 francs (art. 8) qui avait été avancée depuis. C'était donc en tout un capital de 45.000 francs dont M. Groult d'Arsy se reconnaissait débiteur, sans intérêt à payer pour les 25.000 francs, mais avec un intérêt de 5 °/o pour les deux coupures de 10.000 francs. La somme totale de 45.000 francs était d'ailleurs, remboursable par annuité de 5.000 francs, à prélever sur le prix des pensions, à dater du 1er janvier 1819.

Le prix de cette pension était fixé (art. 3) à 850 francs pour les élèves désignés par l'Association paternelle, plus 50 francs d'entrée et 450 francs de trousseau en argent ou en nature. Plus tard, le prix fut réduit à 800 francs au-dessous de douze ans, mais porté à mille francs au-dessus de cet âge.

On me permettra — à titre de curiosité — de dire ici que le trousseau en nature se composait des pièces suivantes :

« Un habit de drap bleu de roi, un gilet croisé cramoisi, deux pantalons bleus, une redingote bleue, un gilet croisé bleu, un gilet de tricot, un chapeau rond, une casquette, trois paires de souliers, deux peignes, douze chemises de toile cretonne, six caleçons de toile, douze serre-têtes, quatre bonnets de coton, douze mouchoirs de couleur, quatre cravates blanches doubles, deux cravates doubles noires, quatre paires de bas de coton blanc, six paires de bas de coton bleu ou chiné, trois paires de draps, toile de cretonne ou de façon, douze serviettes. Plus un livre d'église à l'usage du diocèse, un nouveau Testament français et une Imitation de J.-C. ou payer cinq francs pour ces objets. Les boutons des habits et des gilets sont de cuivre doré, une fleur de lys au milieu, et autour ces mots : Deo et Regi ».

Le prospectus auquel nous empruntons ces détails, ajoute :

« Les élèves apporteront en outre un couvert et une timbale d'argent ; les parents paieront deux cents francs pour l'habillement, et 250 francs pour le linge ; ils pourront cependant fournir ce dernier article en nature ».

L'Association paternelle gardait à sa disposition (art. 2), les trois quarts des places d'élèves que le Collège pouvait contenir. Elle payait pour ces pupilles les prix indiqués plus haut, et le reste des places — le quart — restait à la nomination du directeur. Mais l'abbé Groult d'Arcy « s'engageait toutefois à ne recevoir aucun pensionnaire âgé de plus de dix ans et non vacciné, qui pourroit avoir reçu des principes irreligieux, ou suspect d'insubordination au Gouvernement légitime ».

Dom Groult prenait aussi l'engagement (art. 10) d'acquérir dans les six mois « la maison à Senlis dans laquelle se trouvait l'établissement », de libérer immédiatement son prix de 15.000 francs comptant prélevés sur les 45.000 francs avancés par l'Association paternelle, et d'opérer subrogation du privilège du vendeur au profit de cette Association [1].

Une clause spéciale du même article 10 stipulait encore que dans le cas où le gouvernement autoriserait l'établissement d'une « Congrégation pour l'enseignement » — il est inutile de dire qu'il s'agissait des Bénédictins de Saint-Maur, — « et où Dom Groult voudrait se réunir à cette Congrégation » — ce qu'il déclarait déjà un peu plus loin (art. 12) être son intention formelle — il pourrait confier à cette Congrégation « l'entreprise du pensionnat de Senlis et lui en transporter la propriété ».

Comme on le voit — et j'insiste sur cette remarque déjà faite plus haut — il y avait là une préparation reconnue à la reconstitution formelle de la Congrégation des Bénédictins de Saint-Maur, supprimée par la Révolution et dont on espérait le rétablissement légal du Gouvernement de la Restauration. Cet espoir fut déçu d'ailleurs, et cette tentative, avouée expressément dans notre document, est d'autant plus intéressante à signaler qu'il fallut aux Bénédictins attendre jusqu'à l'année 1833 pour voir leur célèbre Congrégation rétablie à Solesmes par l'illustre Dom Prosper Guéranger.

Pour en revenir aux conditions d'admission du Collège Saint-Louis, les enfants ne pouvaient y être reçus avant sept ans révolus et ils devaient en entrant savoir lire et écrire.

Quant au programme des études, il comprenait la langue française et latine (le grec était facultatif), l'histoire, la chronologie, la géographie et le calcul. On était très exigeant pour l'écriture, mais on ne commençait le dessin qu'à 12 ans et les mathématiques seulement à 13. « On ne devait passer qu'un an ou dix-huit mois à la salle d'escrime et autant à celle de danse : « uniquement pour placer le corps, donner une tenue honnête « et apprendre à se présenter avec décence ».

[1] Ce n'est pas dans les six mois du traité du 6 février 1818, mais seulement le 29 août 1822, que Dom Groult d'Arcy acquit de M. Étienne Leblond « le ci-devant couvent de la Présentation sis en cette ville (de Senlis), rue de Meaux, et consistant en bâtiments, cours et jardins ; l'emplacement de l'église, avec les matériaux qui se trouvent sur icelui, etc. » (V. Margry : *Notes.....*, etc. à l'année 1822).

III

L'article 11 des conventions qui nous occupent ici vise aussi le cas où la maison cesserait d'exister, pour une raison étrangère à Dom Groult d'Arcy, avant le 1er janvier 1823, ou serait transportée dans un autre local. Il est stipulé que si Dom Groult revendait la maison Saint-Louis de Senlis, l'*Association paternelle* devrait lui tenir compte, le cas échéant, de toutes les pertes qu'il pourrait subir du fait de cette vente.

La première de ces hypothèses se réalisa, d'ailleurs, bientôt. En effet, dès l'année 1821, le Collège des Enfants de Saint-Louis était dédoublé et une seconde maison était établie à Vaugirard dans une grande propriété achetée par l'abbé Groult d'Arcy, au numéro 189 de la Route Royale, aujourd'hui rue de Vaugirard, 286 et numéros adjacents [1].

Nous avons la preuve de cette installation dans un palmarès imprimé d'une distribution de prix faite cette année-là — 1821 — par le président et membres du Comité général de l'Association paternelle, au Collège des Enfants de Saint-Louis.

L'établissement de cette seconde maison à Vaugirard devait, malheureusement, tuer à bref délai celle de Senlis, laquelle à partir de cette année 1821, ne fut plus, semble-t-il qu'une sorte de succursale, sous la surveillance du comte de la Roche-Poncier, s'intitulant : administrateur du Collège des Enfants de Saint-Louis à Senlis [2]. Il est même à croire qu'en achetant la propriété de Vaugirard, Dom Groult d'Arsy avait l'arrière-pensée d'y centraliser toute l'Institution des Enfants de Saint-Louis, soit pour des raisons de convenance personnelle, soit parce qu'il pensait que son Collège prospèrerait davantage, installé dans un faubourg de Paris, que dans une ville de province, même peu éloignée.

Peut-être aussi pouvons-nous voir dans ce changement le contre-coup de difficultés qui survinrent bientôt entre Dom

[1] L. Lambeau : *Histoire des Communes annexées à Paris en 1859. Vaugirard.* Paris in-4°, 1912. — Séance de la *Commission du Vieux Paris* du 12 avril 1913.

[2] Lettre d'avril 1821, faisant partie de ma collection.

Groult et le Comité de l'Association paternelle. Le Directeur, éducateur à idées larges et à tendances plutôt libérales pour son temps, avait quelquefois de la peine à éviter les critiques de ces vieux soldats d'ancien régime, d'autant plus imprégnés d'idées rétrogrades qu'ils sentaient monter autour d'eux le flot envahissant d'idées nouvelles. C'est ainsi que dans un cahier d'observations, à la date de février 1824, le marquis d'Autichamp, rapporteur du Comité général des Chevaliers de Saint-Louis, reprochait formellement au Directeur de ne pas rendre assez de compte de ce qui se passait dans la maison, d'agir trop en maître à Vaugirard, de changer trop souvent de professeurs, sans s'inquiéter suffisamment de leur origine et de leur moralité [1], enfin de ne pas s'occuper assez de l'éducation religieuse, ajoutant qu'il n'y avait à Vaugirard, ni chapelle, ni prêtre, ni confesseur. Le marquis d'Autichamp allait même plus loin, et il semblait incriminer les mœurs de Dom Groult d'Arsy lui-même — malgré sa réputation sans tache et ses 58 ans sonnés, en rappelant qu'ayant eu à Senlis besoin d'installer six religieuses pour assurer le service de la lingerie, de l'infirmerie, etc., il avait poussé l'inconvenance jusqu'à les vouloir tous les six jeunes ! [2]

Quoi qu'il en soit d'ailleurs des motifs qui firent abandonner le Collège de Senlis, ce qui est bien certain, c'est que de 1821 à 1824, cet établissement fut de plus en plus déserté au profit de celui de Vaugirard, et qu'il fut définitivement fermé à la fin de l'année scolaire 1823-24 [3]. Le directeur était en effet tenu de recevoir à Vaugirard, à partir du mois d'octobre 1824, cinquante à soixante élèves nouveaux, plus ce qui en restait à Senlis, et cela ne devait pas être beaucoup, puisque la maison

[1] Le Directeur, d'après son traité, devait pourtant choisir de préférence des collaborateurs ecclésiastiques.

[2] Arch. Nat. A-B, XIX, 66.

[3] Malgré des offres faites en 1832, d'abord par un M. Gâcher, ancien principal et professeur de rhétorique, puis par M. Descombes, professeur, pour l'établissement d'un collège à Senlis — offres que la pénurie des finances de la ville ne permit pas au Conseil Municipal d'accepter — il fallut attendre jusqu'à la fondation de Saint-Vincent, en 1836, pour qu'un nouvel établissement d'instruction secondaire s'installât à Senlis.

ne fut aménagée pour recevoir 150 élèves que pour la rentrée de 1825.

En même temps, et à la même date, Dom Groult devait avoir préparé une infirmerie de dix lits, une salle de discipline et une chapelle dont la bénédiction devait avoir lieu à la rentrée des classes de 1825 (Arch. Nat. A, B, XIX, 66).

La propriété de Vaugirard était, du reste, admirablement propre à abriter l'institution qui s'y transportait tout entière. C'était, en effet, l'ancien Petit Séminaire de Saint-Sulpice, fondé en 1686 dans la rue Férou et transféré en 1756 au bon air de Vaugirard, alors village tout à fait rural et campagnard [1]. Le jardin bien planté, contenait plus de sept arpents, et une grande maison, qui existe encore, permettait d'y loger à l'aise les pupilles de Saint-Louis, lesquels y trouvaient pour leurs études, leurs classes, leur bibliothèque et leurs laboratoires, toute la place nécessaire à leur préparation aux Écoles militaires (Saint-Cyr, Polytechnique, Marine), qui était le but de l'institution [2]. Ce but était d'ailleurs largement atteint, et il me suffiira, pour le prouver, de constater que le Collège des Enfants de Saint-Louis eut pour élèves, tant à Senlis qu'à Vaugirard, des hommes comme Canrobert [3], de Ladmirault,

1 Archiv. Nat. Q[1] 1083-1084.

2 Voir la description de la maison dans une affiche de vente de l'année 1793 conservée à la Bibliothèque Nationale (Lb 41, n° 4663) et citée par M. Lambeau (op. cit. p. 168).

3 Dans ses *Mémoires* publiés par M. Germain Bapst (Paris, 1898, in-8°. t. I. p. 16 et suiv.), le maréchal Canrobert raconte avec humour son départ de Saint-Céré, son arrivée et son séjour à Senlis. Il avait neuf ans quand il y entra en 1818. Il y resta jusqu'en 1823, puis vint à Vaugirard qu'il quitta en 1825 pour entrer à Saint-Cyr. Il fait le récit de promenades à Chantilly, à Ermenonville, etc. Il commet seulement une confusion en disant que la maison était établie dans l'ancien monastère de Saint-Vincent et « était entourée d'un cloître gothique à colonnettes ». C'est faire beaucoup d'honneur au modeste cloître du petit Collège Saint-Louis que tout le monde peut voir encore et qui n'est ni gothique, ni à colonnettes, mais tout au plus de la fin du XVIIe siècle. Il en est de même des souterrains gigantesques dont parle le maréchal et qui ne sont que le rez-de- chaussée de Saint-Louis, où nous autres vieux élèves de Saint-Vincent, aimions à « faire nos farces » et à graver nos noms sur les murs et les piliers, comme les enfants des Chevaliers de Saint-Louis.

Suzanne, d'Adhémar, Douai, Renoult, Guyot de Lespart, Uhrich, Levassor-Sorval, de Grandchamps, de Failly, de Rostaing, du Tertre, le futur héros de Sidi-Brahim, et bien d'autres généraux ou officiers qui brillèrent dans nos fastes militaires du XIXe siècle.

Au dessus de la porte de l'institution de Vaugirard était placée l'inscription suivante : *Maison d'Éducation des Enfants de l'Ordre Royal et Militaire de Saint-Louis et du Mérite Militaire.*

La maison était mise, avec l'agrément du Roi, sous la protection de Madame, Duchesse d'Angoulême, et le Duc de Berri en était le Président d'honneur.

Le Conseil de surveillance de l'Institution était composé (Mém. de Canrobert, l. cit.) du maréchal de Vioménil, « vieux soldat de la guerre de Sept Ans », du maréchal Oudinot, des généraux de Biron et de la Galissonnière.

Malgré toutes les raisons qui semblaient devoir la faire prospérer, la maison des enfants de Saint-Louis périclita rapidement à Vaugirard. Le nombre des élèves était trop petit — cent cinquante — pour rémunérer suffisamment l'entreprise et une lettre du 23 décembre 1825, écrite par Dom Groult au Comité, nous montre que les tiraillements continuaient.

Quelques actes d'indiscipline se produisaient également parmi les élèves et les mêmes documents d'Archives, cités par M. Lambeau (op. cit. p. 212), nous donnent le récit d'un petit drame scolaire qui semble prouver que l'esprit des jeunes pupilles des Chevaliers de Saint-Louis n'était pas toujours excellent :

« En 1824, un professeur, M. Lachat, avait été fort malmené et même battu par les élèves sans qu'il fut possible de connaître les coupables. Après une enquête infructueuse, conduite par M. de la Galissonnière, le Comité décida de renvoyer dans leur famille six élèves de la division des *Grands*, tirés au sort. On mit dans l'urne 68 billets blancs, sur 6 desquels le mot : *coupable* avait été écrit. Puis, chaque élève fut appelé pour prendre lui-même le verdict que la chance lui destinait.

« Les six noms sortis étaient ceux de MM. de Gascq,

Renault, Uhrich, Émile de Sedaiges, de Chastenay, et Belot de la Digue, qui furent immédiatement révoqués ».

Ainsi que l'écrivait dans une lettre touchante à ses parents le jeune Prosper de Gascq, tous les élèves étaient complices de ce petit complot. Les 62 élèves favorisés par le sort l'avouèrent, d'ailleurs, très honorablement, dans un noble mouvement de solidarité, et adressèrent une pétition au Comité de l'Association, avouant leur faute, demandant la grâce de leurs six camarades malheureux, et témoignant de leur profond repentir à tous et de leur ferme résolution de ne plus se mettre dans le cas d'être pardonnés.

Cette pétition, datée de Vaugirard le 24 décembre 1824, est signée de tous les élèves.

Nous ne connaissons pas la réponse faite à cette pétition. Mais nous pensons qu'elle fut favorablement accueillie.

L'Institution des Enfants de Saint-Louis de Vaugirard voyait, d'ailleurs, décroître d'une façon inquiétante le nombre de ses élèves, et, bien qu'à l'occasion de la distribution des prix qui eut lieu en août 1827, le *Moniteur universel* du 30 août constatât les succès obtenus aux concours d'admission aux trois Écoles royales militaires, l'abbé Groult d'Arcy renonça bientôt à diriger une œuvre qui périclitait rapidement et qui devenait pour lui très onéreuse.

Il avait probablement, d'ailleurs, terminé le remboursement des 45.000 francs qu'il devait à l'Association paternelle, remboursement dont la dernière échéance de 5.000 francs, devait arriver, comme nous l'avons vu plus haut, le 1er octobre 1827. Il était donc libre de ses engagements et pouvait abandonner la tâche qu'il avait assumée dans des circonstances plus favorables.

A la rentrée d'octobre 1827, l'établissement fut donc transféré à Versailles, sous la direction d'un abbé Troppé, successeur de Dom Groult. La maison vivota encore pendant trois ans, péniblement soutenue par les libéralités de la Cour, du Prince de Condé et de quelques membres de la noblesse, mais la principale source des revenus tarissait peu à peu.

C'était une redevance volontaire, et proportionnée à ses ressources, que versait chaque Chevalier de Saint-Louis « sans se nommer » (Canrobert, liv. cit.). La mort diminuait chaque jour le nombre des anciens Chevaliers de Saint-Louis ; la vie devenait chaque jour plus difficile pour eux et le montant de leurs libéralités s'en ressentait. Enfin, la Révolution de 1830 vint donner le coup de grâce à l'Institution et elle dut être alors tout à fait supprimée.

IV

Il nous reste à dire en quelques mots ce que devint, après la suppression de l'Institution des Chevaliers de Saint-Louis établie à Vaugirard, Dom Groult d'Arcy qui en avait été le créateur et sur lequel avait reposé, pendant douze ans, tant à Senlis qu'à Vaugirard, l'existence du Collège des enfants de Saint-Louis.

Dom Groult continua à habiter la maison où avait été cet établissement, maison qui lui appartenait en vertu de ses arrangements avec l'Association paternelle. Cette maison était, d'ailleurs, une résidence des plus agréables, puisque ses jardins avaient une étendue d'au moins sept arpents [1].

L'abbé Groult d'Arcy était, avec raison, très aimé à Vaugirard où il se montrait très affable et très généreux et dont il avait été nommé conseiller municipal le 26 avril 1826. Il y faisait tout le bien que lui permettait sa fortune, et ne perdait aucune occasion d'encourager les fondations utiles dans le grand village suburbain dont il avait fait sa patrie d'adoption. En diverses circonstances, il accueillit et logea chez lui les Dames de Nevers, les Religieuses Picpuciennes et les Sœurs de la Croix, lorsqu'elles vinrent essayer de former des établissements à Vaugirard.

Lors du choléra de 1832, l'abbé Groult transforma sa grande maison en ambulance, et y recueillit et y soigna beaucoup de malades.

---

[1] Nous extrayons beaucoup de renseignements biographiques de la Notice de l'abbé Gaudreau, curé de Vaugirard : *Une page supplémentaire à l'histoire de Vaugirard* : Dom Groult d'Arcy. Paris, 1853, in-8° de 16 pages.

Il vécut encore une dizaine d'années, entouré de l'estime et de la vénération de ses concitoyens, et quand il mourut à 80 ans, le 18 août 1843, à Vichy où il avait été prendre les eaux, il n'oublia pas dans son testament son cher Vaugirard [1].

Il léguait, en effet, à cette commune une portion de terrain d'un tiers d'arpent à prendre dans sa propriété pour y construire une nouvelle église sous le vocable de saint Lambert, en remplacement de l'ancienne paroisse, tout à fait insuffisante pour la population croissante, et d'ailleurs en très mauvais état. Il laissait, en outre, une somme de 10.000 francs pour bâtir une maison d'école tenue par des Religieuses pour l'instruction des jeunes filles pauvres et 700 francs de rentes perpétuelles pour l'entretien de cette école. Son légataire universel était Mgr Bonamie, archevêque (in partibus) de Chalcédoine, et son exécuteur testamentaire M. Leboucher.

M. Lucien Lambeau a raconté dans son livre sur *Vaugirard*, les honneurs rendus par ses concitoyens à la mémoire de l'abbé Groult. Ne pouvant l'inhumer dans l'église dont ils devaient l'emplacement à sa libéralité et qui fut achevée en 1854 — puisque la loi du 23 prairial an XII ne le permet pas — ils lui élevèrent, ou plutôt la Ville de Paris, remplaçant la commune de Vaugirard annexée en 1859, lui éleva au moins dans le cimetière paroissial de la rue Lecourbe un modeste monument sur la stèle duquel une inscription rappelle ses bienfaits. Enfin, elle lui donna un autre témoignage de sa gratitude en baptisant de son nom une rue percée dans son ancienne propriété, tout à côté de la paroisse Saint-Lambert [2].

Au printemps de 1913, les journaux annonçaient, à la suite d'une communication faite le 12 avril à la Commission du Vieux-Paris, que la démolition d'un immeuble situé rue de Vaugirard n° 286, venait de mettre à jour un grand bâtiment conventuel qui n'était autre que la maison dans laquelle l'abbé Groult d'Arsy s'installa en 1820 avec les pupilles de l'*Association Paternelle des Chevaliers de Saint-Louis*. Il est plus que

[1] Archives de la Seine. Carton de Vaugirard.

[2] La propriété de l'abbé Groult, achetée après sa mort par un M. Fenoux, fut bientôt morcelée et sur son terrain a été construit tout le centre du Vaugirard actuel.

probable que la spéculation s'est emparée de cette vieille demeure qui ne sera bientôt plus qu'un souvenir.

Plus heureux que son homonyme de Vaugirard maintenant annexé à Paris, le Collège Saint-Louis de Senlis a conservé sa physionomie et sa destination première, et il les conservera longtemps, espérons-le tout au moins, comme annexe de cette vieille abbaye de Saint-Vincent, l'un des joyaux de notre chère cité senlisienne.

IX

LES DÎMES DE NÉRY

ET

Le Prieur de Montépiloy

LES DÎMES DE NÉRY

ET

Le Prieur de Montépiloy

J'extrais la plupart des renseignements qui vont suivre d'un parchemin faisant partie de mes papiers et intéressant Montépiloy, Néry et l'Hôtel Dieu de Senlis. Ce parchemin contient des Lettres Patentes du Roi, en date à Paris du 23 février 1647, et destinées à mettre fin à un long procès dont elles nous racontent les péripéties.

On sait que Guillaume IV le Bouteiller, partant pour la Croisade en 1190, avait donné à l'abbaye d'Hérivaux vingt livres parisis de rente pour établir un prieuré à Montépiloy. Quelques années après, à la demande de l'évêque de Senlis Geoffroy, le chapitre Cathédrale abandonna à son tour les droits qu'il possédait sur l'église de ce lieu et les deux bénéfices réunis devinrent un Prieuré-cure desservi par un religieux d'Hérivaux, avec le titre de Prieur.

Dans le second quart du XVIIe siècle, le Prieur de Montépiloy était Messire Nicolas Anceaulme, et parmi les revenus de son modeste bénéfice se trouvaient 16 mines de grains, mesure de Senlis, à prélever sur les dîmes de la paroisse de Néry. Or, les dîmes de ce village appartenaient pour une moitié aux Religieuses bénédictines de l'abbaye de Saint-Jean-au-Bois, transférées depuis l'année 1634 à Royallieu-lez-Compiègne, et pour l'autre moitié aux Dames, Prieure et Couvent de la Magdelaine de l'Hôtel-Dieu de Senlis [1].

---

[1] Ces sœurs de la Madeleine avaient-elles quelque chose de commun avec les chapelains chargés dès 1284 de desservir l'Église de Vaucelles, près de Néry, dédiée sous l'invocation de Sainte-Madeleine? Cela me semble très probable.

Ces dernières, qui jusque-là avaient seules payé les 16 mines, commençaient depuis un certain temps à se faire prier quelque peu à l'échéance [1].

Une transaction avait même été passée entre elles et défunt frère Ameline (?), prédécesseur de Nicolas Anceaulme, transaction qui constituait le titre principal du Prieur de Montépiloy.

Vers l'année 1640, le litige s'était aggravé : les Religieuses de l'Hôtel Dieu avaient refusé de continuer à payer l'intégralité des 16 mines dues, prétendant que les Dames de Royallieu en

[1] Il y a dans les manuscrits d'Afforty (tome VI, f. 3225 à 3250) un volumineux dossier concernant les dîmes de Néry et de Saintines. Nous en donnons ici le relevé par ordre chronologique :

— 5 avril 1448. — Bail par les dames de l'Hôtel Dieu de Senlis des droits « que ledit Hotel Dieu a et puet avoir en la Granche Dixmeresse dudit Néry appartenante audit Hotel Dieu et à l'abbesse de St Jean ou Bos... » (Royallieu près Compiègne).

— 13 février 1499. — Autre bail des dîmes de Néry.

— 29 janvier 1508. — Id. ibid.

— Mardi 9 avril 1526, avant Pâques. — Enquête faite par les Religieuses de l'Hotel Dieu et de St Jean au Bois à l'encontre de François Gellée, curé de Saintines.

— Mardi 4 juin 1527. — Sentence rendue par défaut contre le curé de Saintines au sujet des dîmes de cette paroisse.

— Samedi 23 avril 1530, après Pâques. — Bail par les Religieuses de l'Hôtel-Dieu, des dîmes de Néry et de Saintines « moitié de la totalité d'icelles partissant à l'encontre des Religieuses, abbesse et couvent de St-Jean-aux-Bois auxquelles appartient l'autre moitié ».

— 24 janvier 1531. — Sentence de maintenue pour l'Hôtel Dieu contre Jean Soulas, chapelain de Saintines.

— Mardi 21 septembre 1535. — Renonciation au profit de l'Hotel Dieu du bail emphytéotique de 15 arpents de terre appartenant audit Hotel Dieu à Néry.

— 30 novembre 1536. — Autre renonciation au même bail.

— 5 mai 1537. — Cession de bail.

— Mercredi 21 mai 1539. — Bail par l'Hôtel-Dieu des dîmes de Néry, Saintines et environs « partissant par indivis à l'encontre des Religieuses..... de St Jehan au Bois auxquelles appartient l'autre moitié..... ».

— Jeudi 22 février 1559. — Bail par l'Hotel Dieu, de terres à Néry.

— 25 février 1580. — Bail par l'Hôtel Dieu, de terres à Cornon.

— 10 février 1582. — Autre bail des mêmes terres et des dîmes « partissants..... », etc.

— 14 septembre 1583. — Procès verbal de visite de réparations à la Grange devaient la moitié, et celles-ci, mises formellement en cause, avaient été obligées d'accepter la lutte sur le terrain judiciaire.

Il ne leur avait pas été difficile d'établir qu'elles étaient en paisible possession, depuis plus de quatre siècles, de la moitié des dîmes de la paroisse de Néry, en vertu de la donation qui leur en avait été faite en l'année 1209 par un nommé Jean de Ravenel. Elles prouvèrent également que cette donation leur avait été consentie sans aucune charge accessoire.

Sur cette affirmation de titres, une sentence contradictoire

---

dite des Marais à Néry appartenant indivisément à l'Hotel Dieu et à Royallieu.

— 12 septembre 1595. — Sentence du bailliage de Senlis portant diminution de la redevance du fermier de Néry.

— 7 décembre 1602. — Bail des dîmes « partissantes... », etc.

— Mardi 16 mars 1604. — Mesurage des terres appartenant à l'Hôtel-Dieu.

— 14 mai 1612 et 3 juillet 1613. — Deux sentences du Bailliage de Senlis contre le fermier de Néry à propos de l'appréciation d'un muids de blé dû par lui au curé et au chapitre de N.-D. de Senlis.

— 1615. — Ordre de payer à l'acquit de l'Hôtel-Dieu par le fermier des dîmes de Néry 4 muids de blé et 1 muid d'avoine, faisant moitié de 8 muids de blé et de 2 d'avoine que le curé de Néry prétend lui être dû sur le total de la dîme.

— Samedi 7 novembre 1620. — Bail des dîmes de Néry.

— 31 juillet 1626. — Rétrocession faite à Alphonsine de Lisme, prieure et administratrice de l'Hôtel-Dieu, de 11 muids de blé, etc.

— Mercredi 9 août 1634. — Bail des terres et des dîmes de Néry.

— 19 octobre 1643. — Enquête pour le curé de Montepiloy contre les Dames de Royallieu à propos des dîmes.

— Samedi 9 février 1647. — Déclaration des terres de Néry appartenant à l'Hôtel-Dieu de Senlis.

— 7 septembre 1657. — Arrêt du Parlement en faveur du Prieur-Curé de Montépilloy, sur les dîmes de Néry (c'est cet arrêt qui mit fin à notre procès, comme nous le dirons plus loin).

— 31 octobre 1658. — Dénonciation à Jean Emery, fermier des dîmes de Néry, des poursuites faites contre l'Hôtel-Dieu à la requête du chapitre cathédral de Senlis pour paiement de 5 muids 1 minot de blé méteil et 2 muids d'avoine, mesure de Senlis, chacun an, à la St-Martin, sur les dîmes de Néry.

— 9 avril 1662. — Sentence du bailliage de Senlis condamnant les sieurs curé et marguilliers de Néry à 200 livres parisis d'amende pour distraction de juridiction et pour avoir assigné à tort les Dames de était intervenue le 15 septembre 1643, déchargeant provisoirement les Dames de Royallieu de la portion de redevance que leur réclamait le Prieur de Montépiloy et condamnant « par provision » à la payer en totalité, les Religieuses de l'Hôtel Dieu de Senlis. Cette sentence n'est pas dans les documents copiés par Afforty et nous ne la connaissons que par nos Lettres Patentes.

Dans tous les cas, il semblait que la question fût tranchée et

---

l'Hôtel-Dieu devant le bailly de Béthisy au sujet de réparations à faire au clocher.

— 22 mai. — Acte de Madame de Valory, prieure de l'Hôtel-Dieu, soutenant qu'elle a été mal assignée en la chatellenie de Béthisy dont elle n'est pas justiciable, mais qu'elle dépend du bailli de Senlis.

15 juin 1662. — Quittance du Prieur de Montépilloy, reconnaissant avoir reçu de Jean Esmery, fermier, 5 muids 1/2 de blé et 2 mines 1/2 d'avoine, mesure de Senlis, sur les dimes de Néry.

— 14 juillet 1662. — Lettre de sœur Am. de Vaucelles, abbesse de Royallieu, à la Prieure de l'Hotel Dieu de Senlis, par laquelle elle lui marque « qu'elle a fait faire une nouvelle consultation des plus fameux advocats de Paris qui tous conviennent que le clocher de l'Église de Néry estant sur le chœur, elles estoient obligées aux réparations de la couverture, mais non du beffroy qui est ce que les marguilliers leur demandent..... ».

— 18 décembre 1662. — Visite, description et figure de l'Église de Néry, ordonnée par sentence du bailliage de Senlis et procès-verbal de réparations à y faire (Afforty ne donne malheureusement pas ici autre chose que ce titre).

4 octobre 1673. — Bail des terres et dîmes de Néry appartenant à l'Hôtel-Dieu.

— 27 octobre 1691. — Autre bail semblable.

— 16 décembre 1702. — id.

— 7 juillet 1712. — id.

— 3 décembre 1718. — id.

— 11 février 1728. — id.

— 9 août 1735. — Obligation contractée par l'abbaye de Châlis de payer la dime pour des terres qu'elle possède à Néry. Déclaration de ces terres.

— 17 août 1735. — Enquête pour l'Hôtel Dieu.

— Mardi 17 décembre 1738. — Sentence de maintenue au profit de l'Hotel Dieu contre Châlis.

— 13 février 1749. — Bail des biens de l'Hôtel Dieu à Néry.

— 12 février 1757. — Autre bail des mêmes terres et dîmes « partissant..... », etc.

que les Dames de la Magdelaine n'avaient plus qu'à s'exécuter. Malheureusement, la sentence que nous citons ajoutait :

« Et ordonné que dans le mois, ledit Anceaulme informeroit par devant le plus prochain Juge roïal des lieux, que luy et ses prédécesseurs avoient tousiours jouy de la moittié desdites 16 mines de grains sur la moitié de dixmes appartenantes aux exposantes — les dames de Royallieu, — et pareillement de l'autre moittié sur celle appartenante ausdites Religieuses de l'Hostel Dieu de Senlis. Et au surplus que lesdites exposantes et lesdites Religieuses de l'Hostel-Dieu contesteroient entre elles sur ladite prétendue redebvance et à cette fin qu'elles représenteroient leurs tiltres ».

Comme on le voit, si la question était tranchée en ce qui concerne le Prieur qui était payé provisoirement, elle restait entière entre les débitrices, néanmoins avec une tendance à donner raison aux Dames de Royallieu, puisque c'étaient leurs adversaires qui étaient condamnées à payer la totalité de la redevance « par provision ».

Au lieu de se conformer purement et simplement à cette sentence dont elles n'avaient pas, d'ailleurs, fait appel, les Religieuses de l'Hôtel Dieu de Senlis formèrent, dès le mois d'octobre 1643, une nouvelle demande devant le Juge de Béthisy, duquel ressortissait la paroisse de Néry, et une enquête eut lieu le 19 de ce mois (v. les pièces copiées par Afforty).

Les Dames de Royallieu produisirent donc encore leurs titres, en vertu desquels elles jouissaient de temps immémorial de la moitié des dîmes de la paroisse de Néry sans être assujetties à aucune charge envers le prieur de Montépiloy.

Mais alors survint un incident inattendu. Les Religieuses de l'Hôtel Dieu exhibèrent deux extraits de baux faits par les Dames Bénédictines les 20 mars 1624 et 11 décembre 1626, de la moitié des dîmes de Néry appartenant à l'abbaye de St-Jean-au-Bois, dans lesquels baux se trouvait une clause chargeant le fermier d'acquitter la moitié de la redevance en litige pour le compte de ladite abbaye de St Jean, maintenant représentée par les Dames de Royallieu.

Celles-ci ne pouvaient malheureusement contester ni l'authenticité de ces baux ni l'existence de cette disposition qui semblait les condamner. Tout ce qu'elles purent faire, c'est de prétendre que cette clause avait été glissée par surprise dans ces baux et avec la connivence de fermiers ou de manans de Néry acquis aux intérêts des sœurs de l'Hôtel-Dieu. Elles ajoutaient, avec plus de raison, croyons-nous, qu'une clause de ce genre ne pouvait faire droit contre les titres de donation et contre une jouissance quatre fois séculaire ; qu'il y avait là un abus évident et une surprise manifeste contraire même à la transaction produite par le Prieur-Curé, demandeur primitif ; et que dans tous les cas, si cette thèse était admise, cela constituerait une aliénation détournée de leur propriété, aliénation formellement interdite aux ecclésiastiques — toujours réputés mineurs — par les Édits et Ordonnances, lesquels ne reconnaissaient pas ces aliénations subreptices ; qu'ainsi les baux produits — n'ayant pas été faits dans les conditions légales — étaient nuls et de nul effet.

Quoi qu'il en soit, le juge royal de Béthisy — peu touché de ces arguments et peut-être circonveuu — passa outre et rendit un jugement contre les Dames de Royalieu.

Inutile d'ajouter que celles-ci interjetèrent appel immédiatement, demandant que l'action nouvellement intentée par les Religieuses de l'Hôtel-Dieu de Senlis, devant le juge local, fût renvoyée devant la Cour, ou que l'instance sur laquelle la sentence interlocutoire du 15 septembre 1643 avait été rendue, fût jugée conjointement avec l'appel dont ladite Cour était saisie, comme étant une seule et même question.

Subsidiairement, les Dames de Royallieu, exprimant la crainte que la Cour elle-même considérât les baux produits par leurs adversaires comme un titre suffisant, demandaient humblement au Roi — leur protecteur naturel, puisqu'elles étaient de fondation royale — des lettres « convenables » pour sauvegarder leurs intérêts et pour faire trancher la question. Elles obtinrent ces lettres qui sont précisément le document que nous possédons et qui nous ont permis de reconstituer ce petit procès. Ces lettres se terminent ainsi :

« Pour ce est-il — dit le Roi aux membres de sa Cour du Parlement — que Nous, désirans subvenir à nos subiects selon l'exigence des cas, Que s'il vous appert de ce que dict est, et que par ledit titre dudit prieur de Montépilloy, ladite redebvance par luy prétendue soit deue à prendre sur lesdittes Relligieuses de l'Hostel Dieu de Senlis seulles, Et que par les tiltres des exposantes — les Dames de Royallieu — notamment par celluy de l'an M.CC[e] IX concernant le droict à elles appartenant ausdites dixmes de Néri, elles ne soient teneues ny chargées de ladite redebvance ; Que par la sentence rendue ausdites Requestes, lesdites Relligieuses de l'Hostel Dieu ayent esté seulles condamnées à paier icelle ; Que l'instance et la demande originaire dudit Anceaulme, prieur de Montépilloy, soict encores pendante et indécise ausdites Requestes du Pallais et lesdits tiltres, tant dudit prieur que des exposantes, y produicts ; Que lesdits baux aient esté faicts par les dévancières des exposantes sans les formes et solempnités prescrites par nos Édictz et Ordonnances, sans assistance de conseil et sans cognoissance de leurs droicts, par erreur ou surprise, compris èsdits baux lesdites clauses et charges et des autres choses susdites autant que suffira doibve,

« Vous, en ce cas, mandons et commectons que, procéddant au jugement dudit procès d'appel et principal... dudit juge de Béthisy, n'avoir aucun esgard ausdits baux ni à la teneure desdites clauses y contenues comme nuls et faicts par erreurg et que nous ne voullons nuire ny préjudicier aux droicts et tiltres des exposantes ; lesquels baux et clauses, en tant que besoing seroict, nous avons cassés et adnullés et par ces présentes cassons et adnullons et sans vous y arester aiës à procedder au jugement du procès et faire droict aux partyes sur leurs droictz et tiltres et soustenemens faictz ainsy que de raison ; desquels baux avons rellevé et rellevons les exposantes de nostre grâce spécialle. Car tel est notre plaisir ».

Il faut croire que les titres produits par les Religieuses de l'Hôtel Dieu de Senlis étaient bons et que la moitié des dîmes appartenant à l'abbaye de Royallieu était bien chargée de la moitié de la redevance à payer sur ces dîmes au Prieur-Curé de Montépilloy, puisque dix ans après, le 7 septembre 1657, un arrêt souverain rendu par le Parlement trancha cette question en ce sens, sur l'appel fait par les Religieuses de

Royallieu, des sentences rendues contre elles par le bailli du Valois ou son lieutenant à Béthisy, les 13, 20 novembre et 1er décembre 1643 et 8 janvier 1644 « et de tout ce qui s'en est suivy ».

Tout considéré, dit cet Arrêt « dit a été que lad. Cour a mis et met les appellations et ce dont a été appelé au néant, emendant sans s'arrester à la Requête desd. Religieuses..... de St Jean aux Bois..... du 12 décembre 1646 et aux lettres par elles obtenues le 23 février 1647, faisant droit au principal évoqué et intervention desdits administrateurs de l'Hôtel Dieu de Senlis, a maintenu et gardé ledit Anceaume, prieur de Montespillouer, en la possession et jouissance du droit de prendre et percevoir par chacun an sur les dixmes de Néry 11 mines de bled et 5 mines d'avoine, mesure dudit Senlis, payables sur le lieu, sçavoir moitié de lad. redevance par lesd. Religieuses... de St Jean..., l'autre moitié par les Religieuses... de la Magdelaine de l'Hotel Dieu de Senlis, et les condamne à payer chacun par moitié audit Anceaume les arrérages échus dud. gros et redevances, et continuer à l'avenir, et lesd. Religieuses... de St Jean rendre et restituer auxd. Religieuses de l'Hôtel Dieu de Senlis la moitié du droit et redevance qu'elles ont esté contraintes de payer aud. Anceaume en vertu de la sentence des Requêtes du Palais du 15 septembre 1643, ou la valeur et estimation, et ce au commun prix que le bled a valu au tems qu'elles l'ont payé, et outre les condamne ès despens envers lesd. Relligieuses de l'Hotel Dieu de Senlis sans autres despens. Prononcé le 7e de septembre 1657. (Signé) Du Tillet. »

Ainsi se termina ce long litige qui met une fois de plus en lumière l'esprit procédurier de ce temps et l'acharnement avec lequel les parties, aidées d'ailleurs par la multiplicité de juridictions enchevêtrées les unes dans les autres et par la lenteur coutumière des gens de bazoche, — faisaient traîner les procès sans parvenir à user l'adversaire.

X

Lettre de Dom Ruinart

Bénédictin

SUR QUELQUES SAINTS DU BEAUVAISIS

ET NOTAMMENT SUR

SAINT ÉVREMOND

Lettre de Dom Ruinart

Bénédictin

SUR QUELQUES SAINTS DU BEAUVAISIS

ET NOTAMMENT SUR

SAINT ÉVREMOND

La lettre que je publie ci-après me paraît mériter d'être mise au jour. Elle intéresse, en effet, l'histoire religieuse de notre région. Il y est question de saint Evremond, de saint Constantien, abbé, patron de Breteuil, et de son compagnon saint Framboud (notre Saint-Frambourg) qui tous ont joué un rôle dans la pieuse légende des diocèses de Beauvais et de Senlis.

Le signataire aussi bien que le destinataire ne sont pas les premiers venus.

La lettre se compose de deux pages et demi in-4°, d'une écriture très fine et très compacte. Elle est signée « Fr. Thierry-Ruinart, M. B. » (moine bénédictin), et datée « à Paris, de l'abbaye de Saint-Germain des Prés, le 14 août 1697. « Elle est cachetée à froid d'une empreinte indistincte et sa suscription porte : « A Monsieur, Monsieur de Nully, chanoine de l'église de Beauvais. A Beauvais. »

Personne n'ignore, parmi ceux qui s'occupent d'histoire, que Dom Ruinart fut l'un des plus laborieux et des plus grands savants de la ruche bénédictine. Né à Reims, le 10 juin 1657, il fut appelé à Saint-Germain des Près, en 1682, à la demande de Mabillon dont il devint le plus précieux collaborateur dans l'œuvre gigantesque qu'il avait entreprise, et notamment dans la publication des *Actes des Saints de l'Ordre de Saint-Benoist*. Plus jeune de vingt-cinq ans, Dom Thierry Ruinart avait voué à son ami et à son maître une affection touchante et lorsque Dom Jean Mabillon s'éteignit à 75 ans, épuisé de travail, le 27 décembre 1707, Dom Ruinart fut frappé à mort par cette perte. Il eut encore la force d'écrire la vie de son ami et moins de deux ans après, le 27 septembre 1709, il mourait lui-même de chagrin dans l'abbaye de Hautvilliers.

Le Beauvaisin auquel notre lettre est adressée est M. de Nully, chanoine de la Cathédrale de Beauvais. Beaucoup moins connu que son correspondant, Étienne de Nully n'en a pas moins joué un rôle important dans sa ville natale au XVIIe siècle.

Etienne de Nully était, en effet, né à Beauvais le 12 septembre 1641. Il mourut dans la même ville le 19 avril 1699. D'abord chanoine de Saint-Barthelemi en 1672, il devint chanoine de la Cathédrale en 1675. Il passa toute sa vie dans sa cité natale, s'occupant sans cesse de l'histoire beauvaisine [1].

Intimement lié avec Godefroi Hermant, son compatriote et son contemporain, il avait entrepris de compléter et de continuer l'*Histoire Ecclésiastique de Beauvais et du Beauvaisis*, écrite par Hermant et dont le manuscrit est conservé en cinq volumes in-folio à la Bibliothèque Nationale [2]. Moins heureuse que celle de son émule, l'œuvre de Nully est aujourd'hui perdue ou du moins égarée. Au milieu du XVIIIe siècle, elle fut remise, probablement par les héritiers du chanoine, avec sa correspondance, à MM. Danse, Borel et Buquet, qui avaient entrepris d'écrire une nouvelle histoire du diocèse de Beauvais [3]. La « Conservation Buquet » — c'est l'étiquette que portaient les manuscrits dispersés de ce Cabinet — ne conserva malheureusement ni les mss. de M. de Nully, ni ceux de ses continuateurs, et nous en sommes réduits à espérer que Doyen nous renseigne exactement quand il nous dit, dans son *Histoire de Beauvais* [4],

[1] V. Brainne : *Les hommes illustres du Département de l'Oise ;* Beauvais, in-8°. — *Inventaire des lettres autographes de la Collection de Troussures ;* Beauvais, in-8°, 1912 ; etc.

[2] Fonds Français, 8579-8583.

[3] Il y avait au moins 4 vol. puisque l'abbé Delettre cite le tome IV dans son *Introduction*, p. 39.

[4] *Histoire de la Ville de Beauvais depuis le XIVe siècle*, p. C. L. Doyen. Beauvais, 1842-43. 2 vol. in-8.

que l'œuvre de Nully dort enfouie dans une collection particulière — qu'il ne nomme pas, d'ailleurs.

Quoi qu'il en soit, la lettre que nous publions ici fournit la preuve du soin et de la conscience avec lesquels M. de Nully se documentait pour son travail.

Cette lettre appartient à ce genre de correspondance érudite que les savants de ce temps entretenaient entre eux sur toutes les questions qui pouvaient les intéresser. Les communications étaient alors rares et difficiles, la presse scientique n'existait pas, pour ainsi dire, et les hommes d'études devaient chercher au loin et un peu partout les renseignements qui leur étaient nécessaires. Dans cet échange de bons procédés et d'informations courtoises, la province jouait un rôle très important, car malgré le centre d'études que constituait cette grande abbaye de Saint-Germain-des-Prés d'où sont sorties tant d'œuvres de premier ordre, il y avait partout d'autres foyers de lumières et Paris n'absorbait pas alors toute l'activité intellectuelle du pays.

M. de Nully était un des correspondants les plus appréciés des Bénédictins et nous voyons par notre lettre qu'il était en relations amicales avec le père Mabillon.

Ses rapports scientifiques avec D. Ruinart avaient commencé en 1696, par une lettre que lui avait écrite, le 11 juin de cette année, le savant bénédictin, lettre conservée dans les Archives de Troussures (*Inventaire* cité, p. 273 à 275). Dom Ruinart lui demande dans cette lettre de lui prêter un manuscrit de l'œuvre de Grégoire de Tours : *de Miraculis et de Gloria Martyrum*, dont il préparait alors une nouvelle édition. Par une seconde lettre datée du 10 août suivant, nous apprenons que le manuscrit était déjà renvoyé à Beauvais et que M. de Nully avait demandé à son correspondant des éclaircissements relatifs à la vie de Sainte Maure et de Sainte Brigitte, patronnes de Nogent-les-Vierges, près de Creil [1].

Ayant ainsi présenté les personnages et donné les caracté-

[1] Voir aussi une lettre adressée par un M. Jouan à Étienne de Nully. (*Inventaire* cité, p. 276).

ristiques généraux de notre lettre, il me reste à en donner le texte.

Je tiens seulement à ajouter que je ne prétends en aucune façon apporter personnellement quelque lumière dans les questions que peut soulever ce document sur le fond duquel je proclame humblement mon incompétence.

Je me permettrai cependant de faire remarquer la discrétion avec laquelle Dom Ruinart parle de saint Évremond dont la légende semblait, au XVIIe siècle, bien peu solidement étayée par les documents, au moins en ce qui concerne la translation d'Orléans à Creil, de ses reliques au Xe siècle. D'autres auteurs, plus près de nous, ont imité cette réserve et il est singulier que le savant abbé Delettre, dans son *Histoire du diocèse de Beauvais* (8 vol. in-8°, 1842) ne dise pas un mot de cette translation, ni même, je crois, de saint Évremond. L'abbé Sabatier (*Vie des Saints du Diocèse de Beauvais*, in-12, 1866) et le docteur Boursier, dans son *Histoire de Creil* publiée en 1883, sont plus hardis et adoptent sans discussion la tradition rapportée par les Bollandistes.

Le volume des *Acta sanctorum* dans lequel est donnée, à la date du 11 juin, la vie de saint Évremond (de sancto Ebremondo) fut imprimé à Anvers en 1698, c'est-à-dire au moment même où avait lieu la correspondance entre Dom Ruinart et le chanoine de Nully. La seule autorité sur laquelle s'appuient les Bollandistes est celle d'André du Saussay, auteur du *Martyrologium Gallicanum* (2 vol. in-fol. Paris, 1638) au livre duquel ils emprntent le récit de la vie du saint. Or, du Saussay [1] avait, dit son biographe [2], « plus d'érudition que de jugement et de critique », et d'après le savant jésuite P. Papebroch [3], qui fut peut-être, en hagiographie, l'homme le plus compétent du XVIIe siècle, et qui prit une part active à la rédaction des *Acta Sanctorum*, le Martyrologe de du Saussay n'est « qu'un extrait des anciennes légendes, fait sans goût et sans critique ».

Après avoir suivi du Saussay, les Bollandistes donnent une vie suspecte (vita suspecta fidei) de notre saint, tirée d'un ancien

[1] Né à Paris vers 1589, évêque de Toul en 1657, mort en 1675.

[2] Weiss, dans la *Biographie Michaud*.

[3] Ou mieux Papebroeck (Daniel), né à Anvers en 1628, mort en 1714.

bréviaire de Senlis. Cette vie s'arrête d'ailleurs, à la mort de saint Évremond; il n'y est pas question de la translation de ses reliques.

Il n'y a, d'ailleurs, aucun doute sur l'antiquité, la continuité et la respectabilité de cette tradition dont la fondation de la Collégiale de Creil est la meilleure preuve et dont la curieuse église du XIIe siècle de cette Collégiale a été le vivant témoignage jusqu'au jour récent où elle est tombée sous la pioche de vandàles imbéciles. Ce que je dis ici n'a donc d'autre but que d'expliquer la forme très dubitative des termes employés par D. Ruinart en parlant de saint Évremond. L'illustre bénédictin, se plaçant exclusivement au point de vue documentaire, et parlant en savant et non en conteur de légende dorée, ne pouvait s'exprimer autrement.

Voici maintenant le texte de la lettre de Dom Ruinart :

« Pax Christi.

« Monsieur,

« Il y a quelque temps que j'ay reçu la lettre que vous m'avez fait l'honneur de m'escrire, et j'aurois desia répondu si j'avois eu quelque chose de bon sur les saints Constantien et Evremont dont vous cherchez quelques mémoires. J'ay honte, après vous avoir fait attendre si longtemps, de ne vous en rien envoyer qui vaille. Mais que faire? Il n'y a pas moyen de produire des anciens monumens lors que l'on (n') en a point. D. Jean Mabillon, dans les Actes des Saints de nostre ordre, n'a pas cru pouvoir mieu (sic) faire que de les mettre entre les *praetermissi* comme étant des saints dont on n'a rien à dire qui soit digne du public.

« S. Constantien se marque le 1er décembre dans le Martyrologe Bénédictin : *Cenomanis cœnobio Gabronico depositio S. Constantii miraculis clarissimi.* Nous avons sa vie d'un manuscrit de Breteuil dans vostre diocèse, mais comme tous les miracles qui y sont raportés sont les mesmes que ceux qui se trouvent dans la vie de St Alneus, qui est aussy un saint du mesme temps et du mesme pays, cela fait que l'on n'y peut ajouter aucune foy, outre que la pièce, d'elle mesme, n'est rien. Le monastère où il a vécu, qui est appelé *Gabron* dans cette vie, est aujourd'hui un lieu connu sous le nom de *Jauron* dans le diocèse du Mans, où il fût reçu par S. Innocent, évesque de cette ville et y vécut quelque temps sous saint Fraimbaub, abbé, qui est aujourd'hui patron d'une collégiale à Senlis et est assez connu. Ces saints sont dits disciples ou compagnon (sic) de saint Avit, abbé de Micy, aujourd'hui Saint-Mesmin, près d'Orléans, et cela paraît assez vraysemblable par un ancien ms. de la Bibliothèque du Roy où ces deux saints sont comptez parmi les personnes illustres de l'abbaye de Saint-Mesmin, dans des vers qui sont mis à la teste d'un ancien sermon de l'Invention de ce saint Mesmin ou Maximin; et dans ce sermon mesme ces deux saints y sont loués pour avoir mené la forme de vie que saint Mesmin avoit établi par toute la province, ce qui pouroit (sic) faire croire que peut-être ils n'ont pas demeuré à Micy, mais qu'ils ont suivi la règle que saint Mesmin y avoit établi.

« Pour Saint Euvremond je n'en trouve aucune vie. Le Martyrologe Bénédictin en fait la feste le 11 de juin où il est dit avoir fondé l'abbaye de Fontenoy — *Fontanetum* — dans le diocèze de Bayeux. Cette abbaye subsiste encore; mais excepté Saint Euvremond que l'on fait frère de Saint Evroul et un Saint Codulfe qu'on dit luy avoir succédé, on n'a aucune connoissance de ce qui la regarde que depuis son rétablissement dans l'onzième siècle, après que la fureur des Normans eut été passée. Nous avons une vie de Saint Euvroul (sic) imprimée dans le I tome des Actes des Saints de nostre Ordre et je n'y vois point qu'il y soit parlé de Saint Euvremond. Orderic Vital qui parle assez au long de Saint Evroul et qui était moine dans son monastère, ne dit nulle part que je sache que Saint Euvremond ait été son frère. Je vois néatmoins (sic) dans le 6e livre de l'Histoire ecclésiastique de cet autheur, qu'il y a eu un Saint Euvremond, abbé ou moine, conservé dans ce monastère, dont il raconte la Translation qui en fut faite à Orléans du temps des Normans. On a donné dans le cinquième siècle des SS. de notre Ordre, page 226, l'histoire de cette mesme Translation d'un autheur encor plus ancien qu'Orderic

Vital, mais je ne vois point depuis comment ce saint corps a été porté à Creil dans votre diocèse.

« Voilà, Monsieur, bien peu de chose; mais c'est ce que j'en ay pu découvrir. Je n'aurois pas osé vous le marquer, ne doutant pas que vous n'en sachiez bien davantage, si je n'avois cru être obligé de vous témoigner au moins ma bonne volonté. Je serais bien ingrat, si après avoir reçu de vous tant de bons offices de vostre bon cœur, je ne tâchois de témoigner au moins que je désirerois bien pouvoir vous en témoigner ma reconnoissance. Je souhaite d'estre plus heureux en un (sic) autre occasion.

« J'imprime les ouvrages de Grégoire de Tours; cela va bien lentement; mais le mauvais temp (sic) en est la cause. Si nous avons la paix, comme on nous le veut faire croire, nous irons bon train. Dom Jean Mabillon vous présente ses très humbles respects. Je vous prie de me continuer toujours l'honneur de vostre amitié, de vous souvenir de moy en vos s[ts] sacrifices et de me permettre de vous assurer que je suis avec un très humble et très sincère respect,

« Monsieur,

« Votre très humble et très obéissant serviteur,

« *Fr. J. Thierry Ruinard M. B.*

« A Paris, de l'abbaye
de St-Germain-des-Prés,
le 14 aoust 1697 ».

XI

La Seigneurie et le Domaine

DE

BOUILLANCY

La Seigneurie et le Domaine

DE

BOUILLANCY

propriété de l'Hospice des Incurables

(aujourd'hui à l'Assistance publique)

La seigneurie de Bouillancy et ses dépendances appartiennent depuis l'année 1672 à l'Hospice des Incurables, représenté actuellement par l'Assistance Publique. Les Archives de cette administration contiennent fort peu de documents anciens sur ce domaine. Il en est de même des Archives Nationales. Je crois donc intéressant de résumer ici les données qui me sont fournies par un manuscrit de ma collection.

Ce manuscrit, de 190 pages in-4° est intitulé :

« *Tableau historique de la Terre et Seigneurie du Plessis Bouillancy et des fiefs de Poix, Réez, Fosse Martin, La Tour, Chantemerle, Feux, Gueux, Bruxelles et Chanteraine.* »

Il résulte de plusieurs passages de ce document qu'il fut écrit en 1759. Mais il nous est impossible de dire dans quelles circonstances et pour quel but il fut composé. Dans tous les cas, il nous donne des renseignements qu'on ne saurait plus, je le crois tout au moins, trouver ailleurs. Ce sera mon excuse si ces renseignements paraissent au lecteur d'un intérêt bien médiocre. Nos modestes études ne nous fournissent pas toujours le moyen d'éviter le genre ennuyeux. Je passe donc, sans plus long préambule, à l'examen de ce que contient notre manuscrit, en y ajoutant tous les renseignements que j'ai pu trouver ailleurs sur la seigneurie de Bouillancy et les différents fiefs qui en dépendaient.

I

La Seigneurie de Bouillancy du XIe au XVIIe siècle

Son acquisition par les Incurables

Constitution du domaine

Le Plessis-Bouillancy est dans le pays Multien à douze lieues de Paris et à égale distance — quatre lieues — de Meaux et de Dammartin; il dépend aujourd'hui du canton de Betz.

La paroisse se divise en Plessis d'en haut et Plessis d'en bas.

La petite rivière de Gergogne (autrefois appelée Jargogne ou Jargonne), affluent de la Marne, prend sa source tout près de là, à la fontaine de Gueux, et arrose la prairie de Bouillancy [1].

A la fin du XVIIe siècle, la terre du Plessis-Bouillancy comprenait les fiefs de Bouillancy, Poix, Réez, Fosse-Martin, la Tour, Chantemerle, Feux, Gueux et Bruxelles.

Les fiefs de Bouillancy, de Feux et de Gueux relevaient en plein fief, foi et hommage du roi à cause de son comté de Meaux. Ceux de Poix, Réez, La Tour, Chantemerle et Bruxelles étaient des arrière-fiefs relevant de Bouillancy.

La seigneurie de Bouillancy changea souvent de propriétaires depuis que nous en trouvons la première trace au XIe siècle.

A cette époque, elle dépendait du comté de Crépy et fut comprise dans les localités qui constituèrent, avec Betz et Nanteuil, vers 1030, la part laissée par Raoul II à Thibaud Ier, son second fils.

Un siècle plus tard, nous voyons un Adam de Bouillancy lequel en 1124, remet à l'évêque de Meaux la Chapelle Saint-Quentin, à deux lieues de cette ville, près de laquelle fut fondée l'abbaye de Fontaines, ordre de Fontevrault.

En 1185, Guy de Nanteuil, descendant du Thibaud que nous nommons plus haut, est seigneur de Bouillancy. Puis, un

[1] En 1695, les Incurables payèrent 50 sous 8 deniers pour être confirmés dans la jouissance de leurs eaux en exécution de l'Arrêt du Conseil du 21 juin de cette année.

Pierre Choisel, chevalier, fils de Jean et de Marguerite et mari d'une dame Béatrix, est qualifié du même titre en 1225 [1].

Après lui, Simon, châtelain de Béthisy, possède le domaine en 1280.

Bouillancy passe enfin, quelques années plus tard, à la puissante maison des Bouteillers de Senlis.

Guillaume le Bouteiller rend au Roi le 15 mars 1396 un aveu et dénombrement de Bouillancy complété bientôt par un autre aveu rendu le 7 septembre 1397.

Les vassaux cités comme relevant alors de Bouillancy sont les suivants :

Messire Raoul, sire de Gueux, pour un fief sis à Bouillancy ;

Raoul de Soegy (Brégy ?) dit le Gruier, pour un autre fief au même lieu ;

Pierre Le Bergier, demeurant à Lévignen, pour un fief situé et assis en la ville de Villers-Saint-Genest ;

Jean de Montgroisin (Montgrésin) dit le Borgne, pour un fief en ladite ville et terroir.

A ces quatre fiefs dont la consistance est détaillée dans l'aveu, il faut ajouter les deux suivants qui y sont mentionnés comme déjà perdus à la fin du XIVe siècle :

Un fief sis audit Villers-Saint-Genest, autrefois possédé par Mre Jacques le Vacher ;

Et un autre fief sis à Puysieulx en Multien, jadis possédé par Mre Oudart de Retheuil.

L'aveu et dénombrement complémentaire du 7 septembre 1397 concerne un fief tenu du Roi assis en la ville, terroir et appartenances de Cuvergnon-en-Valois, lequel fief relevait de Bouillancy et était alors possédé par Jacques Marcadé, premier sommellier de corps du Roi. On ne savait plus au XVIIIe siècle ce qu'était devenu ce fief.

Il nous faut ensuite passer au XVIe siècle pour trouver la trace de seigneurs de Bouillancy. En 1540, Hugues de Vaux, fils du seigneur de Saintines, comparaît à la Réformation de la Gruerie de Valois, comme propriétaire de Bouillancy.

[1] Ce Pierre Choisel est probablement le même que le Pierre de Villemétrie qui vend cette terre à l'évêque Guérin en 1224 (Cfr. *Chanoine* MÜLLER : dans *Comité archéol. de Senlis*, 1879, p. 396.).

C'est peu d'années après que cette seigneurie arriva, nous ignorons comment, à la famille de Grouches, puisque nous voyons, au milieu du XVIe siècle, Henri de Grouches, d'une vieille et noble maison picarde, qualifié, entr'autres titres, de seigneur du Plessis-Bouillancy, Réez, Fosse-Martin, Chantemerle, etc.

Il avait épousé par contrat du 10 mai 1557 Claude de Girard, dame de Cramayel en Brie, fille de Jean de Girard, d'une ancienne maison du Poitou, et de Valentine Lorfèvre, dame de Cramayel, elle-même fille de Valentine Luillier, dame d'Ermenonville. Claude de Girard était morte avant le 5 janvier 1575.

C'est sa fille Marie alors âgée de six ou sept ans qui, dans le partage fait entre ses enfants le 20 août 1566, est qualifiée dame du Plessis-Bouillancy, Reez, Poix et Fosse Martin.

Cette Marie de Grouches fut mariée :

1° Par contrat du 6 juillet 1576, à François de Paillart, chevalier, seigneur de Choqueuse, Bonvillers, etc., fils de Jean, gouverneur de Beauvaisis, etc., mort sans enfants avant le 3 octobre 1594 ;

2° A Josias de Montmorency, chevalier, seigneur de Bours, qui survécut à sa femme, et se remaria à Louise Hotman, veuve de Catherin d'Aumale.

Josias de Montmorency mourut le 20 juillet 1616, laissant de Marie de Grouches, sa première femme, Jean de Montmorency, seigneur de Bours, enseigne à 14 ans de la Compagnie de son père et noyé par accident en 1622, avant la réalisation de son mariage avec Louise d'Aumale, fille de Catherin, seigneur de Nancelles, dont son père avait épousé la veuve.

On voit dans quelles circonstances deux cadets de Montmorency possédèrent pendant quelques années — une vingtaine — la seigneurie de Bouillancy.

La mort tragique du jeune Jean de Montmorency fit revenir cette seigneurie et ses dépendances dans la famille de Grouches en la personne de Robert II de Grouches, son oncle, bailli de Valois, seigneur de divers fiefs dans ce pays et en Brie, marié à Anne de la Rivière. Ce Robert était le fils de Henri, cité tout à l'heure.

Il fut le père de Pierre, qualifié marquis de Gribeauval [1], seigneur du Plessis-Bouillancy, Poix, Reez, Fosse Martin, Chantemerle, le Luat, Villers-Campfert, Limeux, Belleperche, Coutures, Douville, etc., gentilhomme ordinaire de la Chambre du Roi, capitaine au régiment de ses gardes, tué au siège de Saint-Omer.

Ce Pierre de Grouches avait épousé par contrat du 19 juillet 1636 Claude Rouault, fille de Nicolas, chevalier, marquis de Gamaches, gentilhomme ordinaire de la Chambre du Roi, capitaine de 50 hommes d'armes de ses Ordonnances, baron de Hélicourt, vicomte de Tilloy, etc., et de Françoise Mangot.

Au cours de ce XVIIe siècle, nous avons plusieurs aveux et dénombrements du domaine de Bouillancy, datés respectivement des années 1604, 1640, 1665, 1667 et 1671.

Les aveux de 1604 et de 1665 sont rendus par les seigneurs du Plessis-Bouillancy, Poix, Reez et Fosse Martin; celui de 1667 par le seigneur du fief de Feux et celui de 1671, par le seigneur de Gueux. Ce n'est, en effet, comme nous le verrons bientôt, qu'à la suite de la vente du domaine de Bouillancy à l'Hospice des Incurables, que tous ces fiefs furent réunis à la seigneurie principale.

En 1640, Claudine Rouault, dame d'Acy, veuve de Pierre de Grouches, seigneur de Gribeauval, Bouillancy, etc., dont la tombe se voit encore dans l'église de Bouillancy, était tutrice de sa fille Marie-Françoise de Grouches [2].

Celle-ci, qualifiée personnellement dame de Gribeauval, Villers-Campfert, le Plessis-Bouillancy, Fosse Martin, Poix, etc., épousa, par contrat du 29 juin 1662, François des Essars, marquis de Lignières, gouverneur de Saint-Quentin, colonel d'Infanterie, tué en Candie. Françoise mourut elle-même en 1697, ne laissant qu'une fille nommée Claude, restée célibataire.

Les Lignières avaient fait, d'ailleurs, d'assez mauvaises affaires. Leur domaine de Bouillancy fut saisi par leurs créanciers et vendu judiciairement; il fut adjugé à l'Hospice

[1] C'est seulement au mois de mai 1681 que le marquisat de Gribeauval fut régulièrement érigé en faveur d'Augustin de Grouches, neveu de Pierre.

[2] C'est Claudine Rouault, dame d'Acy, qui fonda en 1653 une chapelle dédiée à la Sainte Famille, à Bouillancy, comme nous le dirons plus tard.

des Incurables à Paris par sentence du Chatelet le 6 août 1672 sous différentes charges qui seront indiquées ci-après.

Ce domaine ne comprenait alors que la seigneurie du Plessis-Bouillancy proprement dite, et les fiefs de Poix, Réez, Fosse Martin, la Tour et Chantemerle.

Mais neuf ans plus tard, une importante acquisition vint arrondir la terre de Bouillancy dans les mains de ses nouveaux propriétaires.

Le 25 septembre 1681, en effet, messire Jean-Jacques de Mesmes et dame Marguerite Bertrand de la Basinière, son épouse, vendirent à l'Hôpital les fiefs, terre et seigneurie de Gueux situées sur la paroisse du Plessis-Bouillancy et consistant en « une maison et hôtel seigneurial, colombier, grange, étable, bergerie, le tout couvert de thuilles, cour, jardin et pourpris » entouré de murailles. A ce clos contenant 5 arpents étaient joints 309 arpents 4 perches de terre et prés, et les fiefs de Chanteraine et de Bruxelles. Ce fief de Gueux avait haute, moyenne et basse justice, institution de Maire et autres officiers pour l'exercice de la justice, droit d'amendes, d'aubaines, de confiscations, cens et redevances diverses. Le tout passa, bien entendu, à l'Hospice des Incurables, acquéreur du domaine.

Le fief de Feux était déjà venu se joindre aux autres dépendances du domaine de Bouillancy dans les circonstances suivantes :

Parmi les charges imposées à l'adjudicataire de Bouillancy et sur lesquelles nous reviendrons plus loin, se trouvait l'obligation de suivre à ses risques et à ses frais l'appel de la sentence du Chatelet — donnée sur production des parties le 1er août 1672 et prononcée le 3 desdits mois et an — sur le procès pendant entre le poursuivant les criées de la terre du Plessis-Bouillancy et Messire Louis Séguier, aumônier ordinaire du Roi et seigneur du fief principal de Feux et du Plessis-Bouillancy et Fosse-Martin en partie. M. Séguier demandait que l'article énoncé dans l'aveu et dénombrement fourni le 10 décembre 1640 par Madame de Gribeauval comme tutrice de la marquise de Lignières sa fille, article dans lequel ladite dame avait qualifié Madame de Lignières de dame du fief de Feux, fut rayé dudit aveu, et que lui, Séguier, fut maintenu en possession et jouissance des fiefs et seigneuries de Feux, du Plessis-Bouillancy et Fosse-Martin en partie, avec tous les droits en dépendant, suivant que ses auteurs en avaient joui, avec défense à la dame de Lignières ou à ses ayant-droit de prendre la qualité de seigneur de Feux. La sentence intervenue déboutait, conformément à la jurisprudence, M. Séguier de sa prétention de se qualifier seigneur *en partie* du Plessis-Bouillancy et de Fosse-Martin. Quant au surplus et pour ce qui concernait le fief de Feux, le jugement ordonnait que « les parties contesteroient plus amplement ». Cela aurait pu durer longtemps si M. Séguier n'avait pas donné au conflit la solution la plus « élégante », comme on dirait aujourd'hui. En effet, les Incurables s'étant rendus, dans l'intervalle, acquéreurs du Plessis-Bouillancy et d'une partie du fief de Feux, l'aumônier du Roi ne voulut pas continuer à plaider contre les pauvres, et, le 23 novembre 1674, il leur fit donation de la partie principale du fief qui lui appartenait, soit 40 arpents de terre labourable et de tous les droits seigneuriaux et féodaux qui en dépendaient.

Puis, quelques jours après cette donation, par deux actes passés le 7 décembre suivant 1674, le même Mre Séguier vendit, cette fois, à l'Hôpital des Incurables : 1° 44 arpents de terre labourable en roture et en la censive du seigneur de Gueux, situés au terroir de Bouillancy; 2° une ferme consistant en bâtiments, grange, etc., et 101 arpents de terre et prés, le tout situé au Plessis d'en Haut et en la censive dudit Hôpital, à cause de sa seigneurie du Plessis-Bouillancy.

Diverses acquisitions partielles vinrent encore peu à peu compléter le bloc primitif de la seigneurie.

Le 21 mai 1681, Étienne Besnard et Denise Desisles, sa femme, vendirent à l'Hôpital 4 arpents de jardins à herbes et arbres fruitiers, 4 travées d'une grange faisant partie de 12 travées couvertes en tuiles situées à Fosse-Martin, une bergerie située dans la cour commune de ladite grange, et un petit jardin sis au Plessis-Bouillancy « devant la grande porte du Petit Noyon » et 14 pièces de pré, le tout d'une contenance de 10 arpents, 1 quartier 1/2 et 2 perches.

Le 10 juin 1682, Marie Besnard, femme séparée « de biens

et d'habitation » de Nicolas Hubert, autorisée par justice, vendit aux Incurables un arpent, terroir de Bouillancy, près le bois de Monterolle, et 4 livres 10 sols de rente à prendre sur une maison du Plessis, lieu dit la Rue Fourmantel appartenant à François Hostellet. Puis le 28 décembre 1682, autre vente par la même, d'une des 12 travées de la grange citée plus haut.

Enfin le 2 juillet 1683, autre vente encore par la même femme Hubert de 5 quartiers de terre près le chemin de Crépy, de 3 quartiers 23 perches lieu dit le chemin de Nanteuil, d'un demi-arpent au Dessus des Clos, et d'un autre demi-arpent de terre.

Le 11 juillet 1682, Nicolas Besnard et Marguerite Lenfant, sa femme, vendent à l'Hôpital, 4 pièces de terre sur le Plessis-Bouillancy contenant 4 arpents 3 quartiers 15 perches, une petite maison sise audit Plessis, rue Jean, plus des rentes : 8 livres à prendre sur la maison de défunts François Lucet et Pierre Redon, sise en la grande rue du Plessis d'en Haut; 7 livres réduites à 4 liv. 10 s. « parce qu'elle était mal paiée », à prendre sur les héritiers de Nicolas Queue et sur une maison sise au Plessis d'en Haut, occupée par François-Sébastien; 7 livres et 2 poulets à prendre sur une maison à Bouillancy « proche la Madelle » et ses dépendances.

Le 28 décembre 1682, Antoine Besnard vend encore aux Incurables :

Un jardin d'arbres fruitiers sis à Fosse-Martin contenant 1 quartier 28 perches, 5 livres et un chapon de rente dus par Pierre Hermant, manouvrier au Plessis, et 4 livres de rente dues par Marie Le Duc, veuve de Jean Coustant.

Le 16 janvier 1683, Pierre Besnard et Léonarde Bernier, sa femme, vendent 26 pièces de terre contenant 18 arpents 2 quartiers 7 perches 1/4, une maison à Fosse-Martin, appelée la Grande Ferme, contenant trois travées, compris l'écurie à chevaux couverte de tuiles avec fournil, four, laiterie et droit de cour commune; « plus une laiterie toute neuve avec poulier au-dessus, le tout couvert de thuilles, joignant la porte de derrière de ladite maison; plus une travée et demie de grande grange couverte de thuilles tenant à celle d'Estienne Besnard et à la cour commune; » et une travée de grange sise à Fosse-

Martin dans ladite grange et 3 travées d'appentis, le tout couvert en tuiles.

La reste de cette grande grange de Fosse-Martin, soit quatre travées, fut acquis avec quelques petits bâtiments y attenant, par les Administrateurs de l'Hôpital, de Pasquier Besnard et Geneviève de Sassy, sa femme, le 28 juillet 1684.

Il y eut, au même moment, un procès entre l'Hôpital et Pierre Besnard au sujet de terres qu'il avait vendues sises à l'Orme Hurtubie, à la Haye de la Sault, à la Voyette et sur lesquelles des empiètements avaient été commis par le s^r Le Roy de Jossigny et par les consors Jean Desils. Ces difficultés se terminèrent par une transaction en date du 19 septembre 1685 aux termes de laquelle Pierre Besnard et sa femme donnèrent à l'Hôpital d'autres terres sises aux lieux dits Sur le Chemin de Paris, les Haquenelles, au Dessous du Montoir de Réez, au Chemin Vert et au Chemin de Meaux.

Un autre procès surgit encore à propos de la vente de terres faite par Pierre Besnard le 16 janvier 1683. Parmi ces terres était une pièce située lieudit « au-dessus du Fond Blontin », qu'un nommé Louis Brescord, marchand à Acy, prétendait lui avoir été vendue pas Pasquier Besnard, frère de Pierre. On transigea le 21 mai 1685. M. Lecomte, administrateur, au nom des Incurables, abandonna une certaine quantité de terre « proche le Mitoy » et Pasquier Besnard consentit de son côté, à une cession de terre au terroir de Fosse-Martin, lieudit le Pré Henry.

D'autres acquisitions furent encore faites par l'Hôpital :

Le 22 mai 1684, un demi-arpent terroir de Bouillancy, lieudit la Fosse aux Prêtres, près la remise du Chemin de Nanteuil, à Pierre Bouchel et Jeanne Bontemps, sa femme;

Le 7 juillet 1683, 11 arpents 21 perches à Mre Jacques-François Bourdereau, procureur au Chatelet et D^lle Marie le Camus, sa femme;

Le 13 décembre 1683, « une maison manable contenant trois travées couvertes de chaume à deux étages de haut assis au Plessis-Bouillancy, cave à côté de lad. maison du costé du chemin conduisant au Mitoy et une travée de grange cy-devant en masure du costé de l'Église avec les deux jardins à herbes et à arbres devant et derrière lad. maison » à Nicolas Tavernier, se portant fort de Madeleine Babille, sa femme, et de Nicole Héraut, sa mère, veuve de Jean Tavernier.

Enfin le domaine de Bouillancy était complété dès l'origine, par le fief de Chanteraine, lequel avait cette particularité d'être la seule dépendance de Bouillancy dépendant et relevant en plein fief d'un particulier, c'est-à-dire du seigneur d'Auger « dit des Francs Fiefs de Nanteuil. » Le 1er juin 1718, les Administrateurs de l'Hospice rendirent la foi et l'hommage et fournirent l'aveu et le dénombrement de ce fief à Madame de Pierrecourt, dame d'Auger, par l'intermédiaire de M. Philippe de Villiers, sieur de Guignardière, désigné à cet effet, par acte du 27 mai précédent, comme « homme vivant et mourant [1] du fief de Chanteraine. » Ils lui payèrent en même temps la somme de 40 livres à laquelle ladite dame avait volontairement réduit les droits plus considérables qui lui étaient dus « à cause du décès du précédent homme vivant et mourant. »

Et pour terminer la liste des acquisitions faites par les Incurables, postérieurement à leur achat de 1672 et avant la rédaction de notre manuscrit, nous citerons la dernière, en date du 2 juillet 1747. Il s'agit de 3 quartiers de terre au terroir du Plessis-Bouillancy, lieu dit le Fond Blouquier, cédés par François de Ville, Françoise Paysanne, sa femme, et Geneviève de Ville, fille majeure, pour demeurer quittes des cens, surcens et droits seigneuriaux, dont ladite pièce de terre était chargée envers ledit Hôpital, à raison de 4 deniers obole de cens et de 2 boisseaux de blé de rente.

Tel était le domaine de Bouillancy appartenant à l'Hospice des Incurables. Il nous faut revenir maintenant à l'acquisition primitive de 1672 pour en indiquer les charges et montrer les difficultés auxquelles elle donna lieu.

[1] On désignait ainsi le représentant des vassaux de main morte, lesquels, ne mourant pas, n'auraient jamais payé à leur seigneur les droits auxquels donnaient lieu l'ouverture de la succession d'un fief à relief, retrait féodal, etc.

II

Charges de l'acquisition faite par l'Hospice des Incurables

Procès et contestations diverses

Les différentes formalités consécutives à l'acquisition de Bouillancy par l'Hospice des Incurables en 1672, se poursuivirent pendant les années suivantes avec la lenteur coutumière.

Par Lettres Patentes du Roi en date d'octobre 1672 et de juin 1685, et enregistrées successivement au Parlement, en la Chambre des Comptes, au Bureau des Finances et à la Chambre du Trésor au Palais, les fiefs de Bouillancy, Feux et Gueux furent amortis, c'est-à-dire que les Incurables furent autorisés à acquérir ces fiefs en payant les droits d'amortissement [1].

La prestation de foi et d'hommage pour les fiefs relevant directement du Roi fut rendue en 1673 avec toutes les formalités d'usage et au nom de l'Hôpital, par un sieur Jean Jacquard, « nommé pour homme vivant et mourant des terres et seigneuries du Plessis-Bouillancy, Poix, Réez, Fosse-Martin et Chantemerle, du fief de Feux et seigneurie de Gueux... » [2].

L'aveu et dénombrement de ces mêmes terres ne put être rendu que le 22 janvier 1687 [3].

L'adjudication faite au profit de l'Hospice des Incurables comportait quelques charges.

Ils devaient, d'abord, distraire de leur acquisition 44 arpents de terre vendus précédemment par M. et Madame de Lignières à Louis Gerson, par contrat passé devant Le Vasseur, notaire à Paris, le 10 janvier 1667. Cette réserve paraît n'avoir donné lieu à aucune difficulté.

[1] L'amortissement était le droit que payaient les gens de main-morte pour posséder une propriété immobilière.

[2] Arrêts de la Chambre des Comptes des 27 juin et 31 juillet 1673, 18 et 20 juillet 1685. — Jugements du Bailliage et Siège Présidial de Meaux des 30 octobre 1673 et 28 juillet 1685.

[3] Lettres d'Attache de la Chambre des Comptes au Bailliage de Meaux en date du 28 février 1687. — Sentence dudit Bailliage du 8 novembre 1688.

Il n'en fut pas de même, comme nous l'avons vu plus haut, du procès avec M. Séguier dont nous avons raconté l'heureux dénouement.

En l'année 1673, le 28 juillet, pour mettre fin à une contestation soulevée avec Pierre Hervé, sous fermier du domaine de Meaux, et avec Anne de Bourgogne, dame de Marcé — contestation qui avait déjà donné lieu à un arrêt du Conseil du 11 février précédent — les administrateurs de l'Hôpital payèrent :

1° 5500 livres à ladite dame de Marcé comme « donataire du Roy » des droits de quint et requint de la seigneurie de Bouillancy, en vertu de Lettres Patentes du 27 août 1672 ;

2° 5500 livres aux sieurs Caboud et Macé, intéressés dans les fermes des domaines du Roi des Élections de Meaux, Provins et Coulommiers, sous le nom de Pierre Hervé, et en paiement de ce qui pouvait leur être dû, sur le quint et requint [1] et sur les droits seigneuriaux et féodaux de la terre de Bouillancy.

Dix ans plus tard, le 23 septembre 1683 (puis le 29 novembre 1686) les Administrateurs s'acquittèrent d'une autre dette en payant au Prieuré de N.-D. de Nanteuil-le-Haudoin la somme de 190 livres à laquelle montait le droit d'indemnité de deux pièces de terre sises en la seigneurie de Chevreville, dépendant dudit Prieuré, l'une contenant 3 quartiers et l'autre quatre arpens, faisant partie des héritages acquis par l'Hôpital, de M. le Président Jean-Jacques de Mesmes, par contrat du 25 septembre 1681, comme nous l'avons vu plus haut.

Une troisième affaire fut plus longue à régler.

Il s'agissait, cette fois, d'un conflit entre les seigneurs de Bouillancy et les Religieux de Saint-Fiacre en Brie, conflit ayant pour origine une vente de biens ecclésiastiques faite à Meaux le 12 avril 1577. Les Religieux, appuyés sur un arrêt du Conseil du 29 août 1642, prétendaient, en remboursant le prix de cette aliénation, se mettre en possession d'une ferme et de divers héritages, droits seigneuriaux, etc., au terroir du Plessis-Bouillancy. C'eut été un partage de la seigneurie que ne pouvait admettre Madame de Gribauval. Aussi transigea-t-

[1] Droit dû au seigneur à chaque vente d'un fief relevant de lui. Le quint était — primitivement — le cinquième du fief vendu et le requint le cinquième denier du quint.

elle le 11 mai 1644, moyennant la promesse d'une somme de 2500 livres tournois qu'elle paya en abandonnant auxdits Religieux 24 arpents de terre au terroir de Bouillancy, sur le chemin conduisant à Nanteuil, amortis et quittes de droit d'indemnité, droit d'honneur et de seigneurie « pour le regard des personnes desdits religieux seulement. » Il était également convenu que lesdits religieux rentreraient en possession immédiate de 3 arpents en deux pièces provenant de la même aliénation pour en jouir « en toute indemnité et amortissement » ainsi que des 24 arpents.

Cette transaction n'ayant pas été ratifiée en temps voulu par les enfants mineurs de Madame de Gribeauval et celle-ci n'ayant fourni aux Religieux de Saint-Fiacre que 6 quartiers de terre au lieu des 3 arpents promis, une autre transaction intervint le 4 janvier 1668 entre le marquis et la marquise de Lignières, gendre et fille de Madame de Gribeauval et les Religieux, auxquels ils abandonnèrent 6 quartiers de terre à prendre en une pièce de 7 quartiers et demi, au Petit Merisier, terroir du Plessis-Bouillancy, plus, pour représenter le revenu desdits 6 quartiers de terre depuis 1644 jusqu'à 1668, deux arpents de terre à prendre dans une pièce contenant 3 arpents et demi 16 perches lieu dit le Haut du Chemin de Crépy, le tout déchargé des droits d'indemnité et autres droits seigneuriaux, ainsi que du droit d'amortissement.

C'est le paiement de ce dernier droit qui amena des difficultés entre l'Hospice des Incurables et les Religieux de Saint-Fiacre. Le premier refusant de payer ce droit pour compte des Religieux, ceux-ci entamèrent une procédure et le 11 mars 1692, ils obtinrent sentence du Châtelet de Paris condamnant les Administrateurs de l'Hospice à leur fournir « dans le mois pour tout delay » la décharge des droits d'amortissement des 26 arpents de terre à eux délaissés en vertu des transactions de 1644 et de 1668, ou de leur payer la somme de 592 livres 6 sols 8 deniers, montant de ces droits, des 2 sols pour livre et et des intérêts du jour de la demande. La contestation prit fin par la remise, le 6 mai suivant, à Dom Benoist Alleaume, Religieux et procureur conventuel du Prieuré de Saint-Fiacre, du reçu de ladite somme payée en l'acquit des Religieux pour le droit d'amortissement et nouvel acquit dû au Roi à cause de ces 26 ou 27 arpents de terre possédés par Saint-Fiacre en la terre et seigneuries du Plessis-Bouillancy.

Mais les Administrateurs des Incurables n'étaient pas au bout de leurs peines et ils devaient vérifier plus d'une fois encore l'exactitude du vieux proverbe : qui terre a, guerre a.

C'est ainsi que quelques semaines avant leur acquisition, le 10 juin 1672, le Châtelet de Paris avait rendu une sentence déboutant les habitants de Bouillancy de certaines prétentions. Profitant du désarroi des affaires de leur dernier seigneur, le marquis de Lignières, et de la laborieuse liquidation qui en était résultée, ces habitants avaient réclamé 15 à 16 arpents de pré, marais et usage qu'ils prétendaient leur appartenir dans la prairie de Bouillancy et aux environs de l'étang dudit lieu, pour en jouir ainsi que des arbres, aulnaies et saulsaies qui y étaient plantés « sans préjudice de plus grande quantité, lesquels usages étaient compris dans la saisie réelle de la terre sous le titre de 20 arpents d'eau ». Ils allaient même plus loin, et demandaient que les deux moulins de la seigneurie fussent déclarés non bannaux et qu'ils ne fussent point vendus avec le titre de banalité.

On avait passé outre à ces prétentions dans la sentence d'adjudication; mais les habitants avaient appelé au Parlement de cette sentence du Châtelet et il fallut, suivant les habitudes de la justice du temps, une bonne quinzaine d'années pour que, le 21 juillet 1687, la 5e Chambre des Enquêtes mit l'appel au néant et ordonnât que la sentence du Châtelet du 10 juin 1672 serait exécutée.

Enfin les Administrateurs des Incurables eurent maille à partir avec leurs voisins les seigneurs de Betz et d'Acy.

Des contestations surgirent avec les premiers au sujet de la lisière des bois de Montirolles appartenant à l'Hôpital, sur laquelle lisière M. Lallemant, seigneur de Betz, commit un empiètement en 1690. Un procès-verbal de mesurage fut dressé par Gérard, arpenteur ordinaire du Roi le 4 novembre 1700, et un arrêt de la Grand'Chambre du Parlement rendu le 5 août 1701, ordonna l'entérinement dudit procès-verbal donnant raison à l'Hôpital. Mais il paraît que ces lisières boisées importaient beaucoup à M. Lallemant, peut-être au point de vue de la chasse, car le 22 mars 1713, par acte passé devant Courtois, notaire, le seigneur de Betz, achetait à l'Hôpital le bois en question, contenant 354 perches, moyennant la somme de 900 livres (qui ne fut payée d'ailleurs que le 23 août 1740) et l'obligation de tenir sa nouvelle acquisition en plein fief, foi et hommage de la seigneurie du Plessis-Bouillancy.

Avec Mr Jacques Cadeau, seigneur du Haut et Bas Acy, c'est aussi une question de limites compliquée d'une question de voierie qui troubla les relations de bon voisinage. Il s'agissait du chemin qui avait toujours, de temps immémorial, servi de limite aux domaines de Bouillancy et d'Acy. Les Administrateurs de l'Hôpital et Mr Cadeau eurent la sagesse de s'en rapporter à des arbitres : le premier Président du Parlement de Paris et Messieurs Symonnet et de Champeron, conseillers en la Grande Chambre. Une transaction fut signée par leurs soins le 10 septembre 1744 et les parties reçurent chacune la moitié du chemin litigieux et les droits de seigneurie, justice et voierie afférents à cette moitié.

D'autres procès surgirent encore entre les Incurables, seigneurs de Bouillancy et diverses personnes, au sujet de leur domaine. Nous en citerons seulement quelques-uns :

En 1689, les fermiers et receveurs des Incurables avaient, dans l'intérêt public, fait creuser un fossé pour établir une conduite d'eau dans l'étang du Moulin, à travers une pièce de pré que le sieur Richer prétendit lui appartenir à cause de dame Marie-Jacqueline Nivet, sa femme, auparavant veuve de Claude Herteloup, écuyer, comme propriétaire d'une ferme sise au Plessis-Bouillancy et relevant de la seigneurie. Le procès commencé, une transaction intervint le 7 avril 1700, par laquelle les Administrateurs reconnaissant au Sr Richer sa propriété, s'engageaient à combler le fossé. Puis dix ans après, le 13 août 1710, le Sr et la dame Richer consentirent à l'échange de 5 perches à prendre dans le pré litigieux pour y établir le passage des eaux, contre un morceau de terre en jardin alors en friche contenant 8 perches ou environ.

Le 16 mai 1712, cette acquisition fut complétée par celle de 4 perches de pré près du moulin de Bouillancy dont les

Administrateurs s'étaient également emparé pour conduire l'eau dans l'étang dudit Moulin, et que son propriétaire, Thomas Dupont, consentit alors à leur vendre.

En 1718, les Administrateurs demandèrent à MM. de Brégy, de Creil, Lavoisiére et Lucy la restitution de 6 quartiers de terre faisant partie d'une pièce de 3 arpents 6 perches, mesure du Plessis, située au lieudit Galinée et tenant à MM. de Creil, de Claye, de Brégy et aux Marguilliers de Meaux. Nous n'avons pas le résultat de ce procès qui durait encore en 1724.

III

Rentes seigneuriales. — Vignes

Malgré ces difficultés incessantes, l'Hospice des Incurables ne cessait de consolider sa situation seigneuriale à Bouillancy, notamment par l'acquisition de rentes.

Le 26 septembre 1681, il acheta 30 setiers de rente annuelle, « composant 2 muids et demi de grains, les deux tiers bled froment et l'autre tiers avoine, le tout mesure de Meaux et y rendu ». Cette rente en nature due par Remy Pierre Bernier et consorts, du Plessis-Placy, fut acquise de Mr Louis Roussin à dlle Françoise Plastrier, sa femme ; plus 48 arpents de terre labourable au Plessis-Bouillancy. Le 12 juillet 1684, Mre Gabriel Destancheau, seigneur du Plessis-Placy, reçut des Incurables la somme de 1092 livres pour le droit d'indemnité qui lui était dû par l'Hôpital à cause de cette acquisition de rente assise sur des terres en sa seigneurie.

Les 13 et 19 septembre 1741, les héritiers Castel, de Berly et Pierre passèrent aux Incurables titre nouvel de ladite rente de 30 setiers.

Notre manuscrit donne, en outre, la nomenclature d'un certain nombre de baux à rente créés ou renouvelés par les Incurables dans leur seigneurie de Bouillancy et dont nous citerons quelques-uns :

Le 24 mai 1683, MM. Le Comte et Baussan, administateurs de l'Hospice, prirent notamment divers baux à rente à charge de planter en vignes : 1° à Louis Marland, vigneron à Bouillancy, une pièce de terre d'un arpent, lieudit « au desçuz de la Ferme Montigny », à charge de 5 titres de rente foncière non rachetable, payable chaque année à la Saint-Martin d'hiver. Cette rente était divisée en 1641 entre plusieurs qui en avaient donné titre nouvel.

2° Un demi arpent au même lieu et aux mêmes conditions à Nicolle Le Fèvre, veuve de Pierre Mahieu, à charge de 2 livres 10 s. de rente ;

3° à Henry d'Estaing, un demi-arpent moyennant 50 sols de rente fonçière ;

4° Enfin à Antoine Gland un demi arpent moyennant 50 sols de rente.

On remarquera cette obligation imposée de créer des vignes.

La culture de la vigne paraît, d'ailleurs, avoir joué déjà un rôle important à Bouillancy avant la fin du XVIIe siècle, car un bon nombre des rentes foncières créées par l'Hospice des Incurables sont assises sur des terres complantées en vignes.

C'est ainsi que le 21 mai 1685, les Administrateurs concèdent à Prudent Le Fèvre une maison manable et ses dépendances, près l'église du Plessis-Bouillancy, 12 perches de terre « à faire chenevière » près le Ponceau, et 7 quartiers « commencés à être plantés en vignes » derrière la Maison de Montigny, à charge de 32 livres 18 sols et 11 deniers de rente.

Le 21 mai 1685, bail à Louis Bourdereau de 3 quartiers 9 perches plantés en vigne lieudit le derrière du Clos de Montigny à charge de 3 livres 15 s. de rente foncière.

Le 20 novembre 1693, bail à Prudent Le Fèvre d'un demi-arpent de vignes lieudit « proche et derrière la ferme de Montigny », à charge de 4 deniers de cens et 59 sous de rente foncière.

Le 1er mai 1701, bail à Louis Le Febvre de 1 quartier 3 perches de vignes à Bouillancy, lieudit « dans le Clos de Montigny », à charge de 4 deniers de cens et de 1 livre 8 sous 6 deniers de rente foncière.

Le 12 mai 1701, bail à Antoine Pierre d'un quartier de vignes même lieu, à charge de 1 livre 5 sols de rente foncière.

Le 10 mai 1701, autre bail à Guillaume Cotteret d'un quartier

23 perches de vignes au même lieu, à charge de 3 deniers de cens et de 2 livres 2 s. 8 deniers de rente foncière.

Le même jour, bail à Thomas Dupont d'un quartier 3 perches de vignes au même lieu, à charge de 4 deniers de cens et 1 livre 8 s. 6 d. de rente foncière.

Le même jour, bail à Pierre Barlemont d'un quartier 17 perches de vignes au même lieu, à charge de 4 deniers de cens et de 1 l. 18 s. 16 deniers de rentes.

Le même jour, bail à David Thiron d'un quartier de vignes au même lieu, à charge de 1 livre 5 sols de rente.

Le même jour, bail à Antoine Gland d'un demi-arpent 8 perches et demie de vignes au même lieu, à charge de 8 deniers de cens et de 2 l. 19 s. 6 d. de rente.

Le 15 mai 1701, bail à Denis Hostellet d'un quartier 17 perches de vignes au même lieu à charge de 6 deniers de cens et de 1 livre 18 sols 6 deniers de rente foncière.

Vers le même temps, à une date indéterminée, bail à Jean Arnoult d'un arpent et demi de vignes moyennant une rente foncière.

Comme on le voit, les vignes ne manquaient pas à Bouillancy. Si nous en croyons une tradition locale, le vin y était bon et suffisait à la satisfaction des habitants à cette époque où l'*eau de mort* n'avait pas encore commencé à ruiner notre race !

En résumé, en additionnant les rentes foncières créées, tant sur des vignes que sur des terres labourables et en y ajoutant celles provenant d'acquisitions faites de la famille Besnard [1], on arrive à un total de rentes connues en 1759, s'élevant à 124 livres 8 sous 8 deniers.

[1] Parmi ces rentes acquises des Besnard, il y en a une assise sur la maison de François Lucet et Pierre Redon, rue Fromentel, à Bouillancy, une autre sur les héritiers de Nicolas Queue, au Plessis d'en Haut, une troisième sur une maison à Bouillancy, proche la Madelle, une quatrième à prendre sur Marie Le Duc, veuve de Jean Coustant, une enfin sur le curé de Réez. Plusieurs de ces rentes consistent en chapons, notamment une de deux chapons « vifs, gras et à plumes » payables à la Saint-Étienne, au château du Plessis-Bouillancy, dont le titre nouvel fut passé le 3 juillet 1661 par Adrienne Desprez, veuve de Nicolas Desjardins, à la marquise de Gribeauval « comme aiant la tutelle et garde noble de Mlle sa fille ».

Les rentes ci-dessus devaient être payées au receveur de Bouillancy. Par contre, celles qui suivent étaient payables au bureau de recettes situé dans l'Enclos de l'Hospice des Incurables à Paris.

C'est d'abord une rente annuelle de 50 livres que doivent Nicolas Masson et Madeleine Ferry, sa femme, en échange de la permission à eux donnée par les Administrateurs le 22 mars 1728, d'établir à leurs frais une tuilerie sur un arpent de terre lieudit : la Place Publique.

Puis une autre rente de 22 livres et 6 deniers de cens, dus par Henry Guyot et Françoise Ponsart, sa femme, en échange d'une maison à eux délaissée le 27 juillet 1745, sise à Bouillancy, rue Fromentelle, et de ses dépendances, le tout contenant 25 perches 7/24e.

Enfin 6 autres deniers de cens et 25 livres de rente foncière non rachetable dûs par Pierre-Paul Herman et Marie-Madeleine Masson, sa femme, pour le délaissement à eux fait le 22 juillet 1746 d'une maison à Bouillancy, son jardin et ses dépendances, contenant environ un demi arpent touchant au chemin du Mitoy et au Cimetière.

IV

Droits seigneuriaux de Bouillancy

Il peut être intéressant de résumer les droits dont jouissaient les Incurables, en qualité de seigneurs de Bouillancy et de ses dépendances.

La terre du Plessis-Bouillancy et le fief de Gueux avaient haute, moyenne et basse justice. Les fourches patibulaires étaient placées entre l'Orme Hurlubie et le chemin de Sennevières [1]. La justice de tous les fiefs réunis pour former le

[1] Ces fourches patibulaires à piliers et les poteaux « à mettre carcans », tombés en ruines dans la première moitié du XVIIe siècle, avaient été relevés à la suite de Lettres de Terrier accordées par le Roi le 31 août 1673.

domaine s'exerçait dans une salle du château de Bouillancy. C'était aussi dans ce château que se trouvaient les prisons seigneuriales.

Le seigneur avait droit d'aubaine, de deshérence, de bâtardise [1], de confiscation [2] et d'amende arbitraire quand le cas y échéait.

De même il avait le droit de requérir le renvoi des hôtes et justiciables lorsqu'ils avaient été « convenus » ou appelés pardevant d'autres juges que son Maire.

Ce Maire était institué par le Seigneur qui nommait également les Procureurs, Greffiers, Sergents et autres Officiers pour l'exercice de la justice. Tous ces fonctionnaires étaient amovibles à la volonté du Seigneur.

Il existait sur le territoire de Bouillancy deux moulins banaux, l'un à vent, l'autre à eau, où les habitants desdits fiefs et seigneuries étaient tenus de faire moudre leurs grains ; et il était interdit à tous autres meuniers « d'aller ni chasser dans l'étendue desdites terres » sans la permission du seigneur ou de ses meuniers, sous peine d'amende et de confiscation de leurs grains et de leurs voitures.

La ferme principale avait un colombier peuplé de 300 paires de pigeons et les autres fermes de simples « volets à pigeons ».

Le seigneur avait de plus un four banal (en chaume) dans chacune des terres et seigneuries. Il avait des censives en argent, grains, poulles, chapons, cens [3] et rentes, et plusieurs rentes en argent, grains, pourceaux, limitations, divisions,

[1] C'était le droit d'hériter des bâtards morts sans enfants légitimes et intestats. Il y a ici une dérogation à la *Coutume de Meaux* qui disait formellement dans son article 30 : « succession du bâtard vient au Roy. — Et s'il décède sans testament faire, la succession vient au Roy, et s'il fait testament, ledit testament accompli, ce qui reste appartient au Roy, car les successions des bâtards sont et appartiennent au Roy, s'ils n'ont enfans de leurs corps procréés en mariage. »

[2] D'après l'article 206 de la *Coutume de Meaux*, les biens confisqués judiciairement appartenaient au Haut-Justicier, sauf en cas de condamnation pour Lèse-Majesté, hérésie ou fausse monnaie.

[3] Le cens ordinaire était de 6 deniers par arpent.

franchises, libertés, fouages [1], avenages [2], droit de ban et de corvée, hommes et femmes de corps [3], vins, lods et ventes [4], etc., droit de voirie et de chasse à cor et à cri [5]; droit de vente de 12 deniers et 4 deniers de saisine, droit de champart sur plusieurs terres et héritages contenus dans la Seigneurie [6].

---

[1] Le fouage était un droit dû au seigneur sur chaque feu, maison ou famille et qui se prenait sur chaque chef de famille « tenant feu et lieu ». On n'en pouvait demander que cinq années et il se payait en argent ou en grains suivant la disposition des coutumes. La coutume de Meaux ne mentionne point ce droit.

[2] L'avenage est un droit dû au seigneur pour l'usage qu'il a concédé aux habitants de ses terres.

[3] Les hommes et femmes de corps étaient serfs, mainmortables et attachés à la Glèbe (voir *Coutume de Meaux*, art. 1, 2, 5, etc.).

[4] Les lots et ventes se payaient moitié par le vendeur, moitié par l'acquéreur à moins de stipulation contraire, au seigneur dont l'héritage vendu relevait (*Coutume de Meaux*, art. 199).

[5] Le 2 mai 1683, le Marquis de Thémines, Gouverneur et Lieutenant Général pour le Roi en survivance et conjointement avec le duc d'Estrées, de la Province de l'Ile-de-France et du Pays Laonnois, fit lire, publier et afficher au-devant de la porte de l'église du Plessis-Bouillancy une ordonnance du 17 avril de ladite année portant défense à tous habitants des villages situés dans ce Gouvernement de sortir avec fusils, arquebuses brisées, mousquets, pistolets et autres armes à feu sous quelque prétexte que ce fut. Les Administrateurs des Incurables signifièrent le 25 mai une protestation au Greffe de la Gruerie de Nanteuil. Plus tard, lors de la vente du domaine de Nanteuil par le Prince de Condé, ils mirent opposition aux droits extraordinaires inconnus dont M. le Prince ni ses prédécesseurs n'avaient joui sur la terre de Bouillancy, notamment le prétendu droit de voierie sur la partie des grands chemins traversant ladite terre, le droit de travers, le prétendu droit de propriété de toutes les bruyères, landes et terres incultes et vagues « scitués dans l'étendu des finz et limites de lad. terre », enfin le prétendu droit de 10 sols à prendre chaque année sur chaque habitant de Bouillancy et le droit de chasse au gros et menu gibier. Ce dernier droit fut encore l'objet d'un arrangement entre le Comte de la Marche et les Administrateurs le 15 juillet 1767. Ceux-ci consentirent à laisser pendant 7 années ledit prince chasser sur les terres de Bouillancy, Fosse-Martin et dépendances et d'y établir un garde avec gages.

[6] L'aveu du 15 mars 1396 détaille la quotité de ce droit de champart (10 gerbes pour cent et 2 gerbes de moisson, amené dans la grange) et toutes les terres qui en sont chargées.

Chaque borne plantée dans l'étendue de la seigneurie donnait lieu au paiement de 5 sols au profit du seigneur.

Ce dernier avait le droit de contrôle sur les poids et les mesures, et faisait étalonner celles dont se servaient les habitants de la seigneurie [1].

Le seigneur possédait encore le droit de rouage, c'est-à-dire de 4 deniers sur un chariot et de 2 deniers sur une charrette;

Le droit de forage ou congé de vins, savoir une pinte de vin que les hôtes ou sujets vendant du vin devaient payer chaque année; celui qui vendait du vin sans ce congé payait une amende de 60 sols au seigneur;

Le droit de faire crier et défendre au mois d'août de charier des gerbes avant le lever du soleil ou après son coucher, sous peine d'une amende de 7 sous 6 deniers;

Le droit de ménage consistant en 12 deniers sur chaque vache laitière payable le *Jeudi absolu* [2] sous peine de 60 sous d'amende.

Le droit de corvée de voitures [3] et de bras, en diverses saisons, mais surtout en mars; faute de faire ces corvées, les habitants étaient condamnés à 60 sols d'amende et pour les contraindre, le seigneur était autorisé à décrocher leurs portes et leurs fenêtres et à leur interdire d'aller travailler sur leurs héritages.

---

[1] Voici quelques renseignements sur les mesures en usage à Bouillancy:

L'aune dont on se servait était semblable à celle de Meaux; la mesure pour le vin était celle d'Acy-en-Multien, de même que celle pour le blé : il fallait 12 septiers pour faire un muid, 4 minots pour un septier, et 2 boisseaux pour un minot. La mesure pour l'avoine, plus grande que celle pour le blé, était aussi celle d'Acy : 12 minots pour un muid, 4 minots pour un setier.

Quant à l'arpent. il contenait 124 perches et la perche 18 pieds carrés. Chaque arpent de terre était chargé de 6 deniers par an de cens ordinaire.

[2] On appelait ainsi le jeudi saint à cause de l'absoute solennelle que l'évêque donnait ce jour-là à ceux qui avaient été soumis à une pénitence publique.

[3] Le 13 juillet 1721, une sentence du Maire de Bouillancy ordonna que les parties y dénommées seraient contraintes par toutes voies raisonnables et légales de faire les voitures et journées à la corvée ainsi que le seigneur avait droit de les faire faire pour le rétablissement de la chaussée qui va de Réez à Fosse-Martin.

Tout individu qui se mariait sur lesdits fiefs, terres et seigneuries devait apporter ou faire apporter aux gens et officiers dans le château « une pièce de chaire (sic) double qui vaille deus, une pinte de vin et un pain aussy double » sous peine d'une amende de 60 sous envers le seigneur [1].

Les « fonds » des Églises, presbytêres et autres dépendances des deux paroisses de Saint Pierre de Bouillancy et de Saint Martin de Réez dépendaient de la justice seigneuriale.

V

Château seigneurial

Nous avons déjà dit plus haut que le château de Bouillancy était le siège de la justice seigneuriale et contenait les prisons.

D'après un bail de 1756, nous voyons que le château du Plessis-Bouillancy comprenait alors « plusieurs chambres par bas, au premier, second et troisième étage, grenier au dessus et écuries », avec deux terrasses devant ledit château « du costé de la Citadelle et du Jardin, jusqu'à la rue qui va du château au Plessis d'en haut ».

Il y avait aussi des fossés secs, assez larges pour qu'on put y dresser des meules.

A l'époque dons nous parlons, ce château constituait encore une entité indépendante de la ferme, puisqu'il avait un concierge spécial du nom de Gauthier, et il était encore habitable, puisque nous voyons les Administrateurs des Incurables imposer à leurs fermiers l'obligation de les « nourrir et héberger » dans ce château, eux et « les personnes qui iront de leur part, avec leurs chevaux, pour les affaires de l'Hôpital, sans en prétendre aucune indemnité ».

C'était, d'ailleurs, une habitation purement théorique et ostentatoire, uniquement destinée à servir d'emblême à la seigneurie, car il résulte des clauses du bail que toute idée de

[1] Nons connaissons une sentence du Présidial de Meaux, du 1er avril 1735 qui condamne un pariiculier et sa femme à cause de leur mariage, à payer ce droit.

luxe était écartée de l'usage que les Administrateurs en faisaient. Les jardins même qui entouraient ce château étaient loués au fermier et une clause du bail de 1756 nous montre qu'il fallait passer par les deux portes de la Ferme pour arriver au Château.

VI

Paroisses & Chapelle du Château
Institutions de Charité

Dans l'étendue de la terre du Plessis-Bouillancy se trouvaient deux paroisses : Saint-Pierre du Plessis et Saint-Martin de Réez. La paroisse du Plessis, ainsi que le château, était dans le Plessis d'en Bas [1].

L'église de Bouillancy, de style ogival primitif, est une belle et solide construction [2].

Le maître-autel est posé sur trois ou quatre belles pierres tombales dont l'une, du XVIIe siècle, est celle du marquis de Gribeauval, et une autre un peu plus ancienne, porte le nom d'un Montmorency.

C'est cette dernière qui a fait croire que Bouillancy avait longtemps appartenu à cette illustre famille qui a joué un si grand rôle et possédé tant de fiefs en Ile-de-France, et c'est ce qui a permis à des imprimeurs de cartes postales de mettre sous la reproduction de l'église ces mots quelque peu audacieux :

« Chapelle du château des ducs de Montmorency. »

---

[1] La cure de Bouillancy possédait des terres et un clos, comme il résulte d'un mesurage fait le 8 septembre 1741 et d'un autre du 24 mai 1744. Dans ce clos existaient même de grands arbres qui donnèrent lieu à des difficultés la même année entre les Curé et Marguilliers de Bouillancy et Louis Morel, marchand de bois, adjudicataire d'une coupe d'arbres faite par les Administrateurs des Incurables.

[2] Cette église a heuseusement peu souffert du passage des Allemands en 1914. Quelques obus sont seulement tombés sur quelques maisons du village lors du bombardement de Villers-Saint-Genest, mais aucune sur l'Église.

D'abord, aucun Montmorency n'a jamais habité dans le modeste manoir de Bouillancy;

Puis, l'église paroissiale n'a jamais servi de chapelle au château ;

Enfin, ce ne sont pas les ducs de Montmorency qui ont été un instant propriétaires de Bouillancy, mais un modeste cadet de la branche de Dours, ainsi que nous l'expliquons plus haut.

A part cela, l'inscription est exacte !...

Le 31 décembre 1683, le sieur Le Comte, administrateur des Incurables, donna à cet Hôpital une somme de 1600 livres pour constituer une rente non rachetable de 40 livres destinées à être distribuées chaque année aux pauvres habitants malades des deux paroisses et des hameaux dépendant de la seigneurie. Au milieu du XVIIIe siècle, c'était le fermier de Bouillancy qui était chargé par son bail de payer ces 40 livres.

Il y avait aussi à Bouillancy une Charité fondée à une époque que nous ignorons, mais antérieurement à 1683, et destinée à fournir aux pauvres desdites paroisses et hameaux des lits, du linge et autres choses suivant leurs besoins et nécessités.

C'est Claudine Rouault, veuve de Pierre de Grouches qui, comme nous l'avons déjà dit, établit dans le château de Bouillancy par acte du 24 octobre 1653, une chapelle en l'honneur de la Sainte Famille. On devait y célébrer la messe tous les jours « lorsque les seigneurs ou dames ou leurs enfans seroient présens audit château, et eux présens ou absens, tous les dimanches et festes ».

Cette chapelle était à la nomination et présentation des seigneurs ou dames du Plessis-Bouillancy, comme Patrons laïques, et à la collation et provision de l'évêque de Meaux. Il ne pouvait y être nommé et présenté qu'un prêtre séculier. Pour la doter, Madame de Gribeauval avait donné 16 arpents de terre labourable en plusieurs pièces situées au terroir d'Oissery, bailliage de Senlis. La fondatrice avait prévu le cas où la chapelle serait « évincée desdites terres » malgré elle et ses successeurs et ceux-ci seraient alors tenus de fournir, au lieu et place de ces 16 arpents de terre, 32 arpents d'autres terres « à prendre dans les meilleures terres qui appartenoient à lad. dame au terroir et seigneurie du Plessis-Bouillancy, amortis à ses frais et dépens ». De plus, Madame de Gribeauval s'était obligée à fournir les ornements, calice, luminaire et autres choses nécessaires et à entretenir à perpétuité ladite chapelle de toutes réparations quelconques.

Le 3 novembre 1653, l'évêque de Meaux — alors M. Séguier — avait donné ses lettres approbatives de la fondation.

Dix ans après, le 6 août 1663, Madame de Gribeauval, entrée en religion au monastère de la Visitation Ste-Marie du faubourg de Meaux et sur le point de faire profession, abandonna à la chapelle du château de Bouillancy 100 livres de rente au principal de 2100 livres qui venaient de lui être constituées par le même acte par Messire Ignace Rouault, marquis d'Acy, son frère.

Cet abandon paraît avoir été fait pour tenir lieu de la donation du 24 octobre 1653 ; en effet nous voyons, le 12 décembre 1680, les Administrateurs des Incurables, devenus dans l'intervalle, propriétaires du domaine de Bouillancy, former opposition à la vente par décret, de la terre et seigneurie d'Acy, saisie sur ledit Ignace Rouault et sa femme, afin que cette terre ne fut vendue qu'à la charge expresse de supporter les charges de dotation et d'entretien de la Chapelle du château de Bouillancy fondée par la dame de Gribeauval.

Le 27 janvier 1684, une sentence colloqua lesdits Administrateurs pour être payés sur le prix de la terre d'Acy, d'une somme de 1000 livres destinée à constituer une rente de cinquante livres, devant être employée à maintenir les ornements, luminaires et autres objets nécessaires à la célébration du culte, et à entretenir les bâtiments de la Chapelle. La même sentence ordonnait encore que lesdits Administrateurs et Charles Lemaire, curé d'Acy et chapelain de ladite chapelle seraient colloqués et payés d'une somme de 1266 l. pour les arrérages de la rente de 100 l. échus depuis le 1er octobre 1671, plus de la somme de 2100 l. pour le principal de cette rente, à la charge d'en constituer immédiatement 100 l. de rente, réprésentant les 16 arpents de terre primitivement donnés par la marquise de Gribeauval pour la fondation de la Chapelle.

Cette sentence fut exécutée de point en point par des actes

du 18 août 1684, du 18 janvier 1692, des 4 et 15 mars 1700, etc., et la rente passa successivement, après le Chapelain Charles Lemaire, à Mre Henry Le Navetier, que nous trouvons posséder la même qualité en 1700 et à Mre Charles Caudrillier, chapelain en 1715.

C'est à ce moment que le service religieux cessa dans la Chapelle du Château de Bouillancy. Le 12 octobre 1714, en effet, le Cardinal de Bissy, alors évêque de Meaux, écrivit une lettre aux Administrateurs par laquelle il leur manda que le chapelain du château de Bouillancy lui avait demandé de transférer le service dont il était tenu dans sa chapelle et de permettre qu'il se fît à Paris, dans l'Église de l'Hôpital des Incurables.

Les Administrateurs donnèrent un avis favorable et prièrent le Cardinal d'accueillir la demande du Chapelain.

Depuis lors le service de la Chapelle de Bouillancy s'acquittait dans l'Église des Incurables par des chapelains dont les honoraires étaient payés par l'Hôpital, lequel touchait directement la rente primitive de 100 livres, réduite maintenant au denier 40 et ne produisant plus que 55 livres.

La Chapelle du château de Bouillancy, avait été l'objet de quelques fondations particulières qui s'arrangeaient peut-être assez mal du transfert du service à Paris. Mais on sait qu'il y a des accommodements avec le ciel.

C'est ainsi que le 23 décembre 1678, Louis Le Prestre, écuyer, avait donné à l'Hôpital des Incurables 125 livres de de rente à prendre sur 1000 livres de rente qui lui étaient dues par l'Hôtel-Dieu de Paris. Cette donation était faite à la condition de paier 75 livres par an à un ecclésiastique pour dire 3 messes basses chaque semaine pour le repos de l'âme du donateur dans la Chapelle du château de Bouillancy, et de faire des Instructions familières et chrétiennes aux pauvres au moins de quinze jours en quinze jours. Cette rente fut remboursée par l'Hôtel-Dieu aux Incurables par contrat passé devant Chuppin, notaire, le 31 mai 1680.

Une autre messe chaque semaine avait été fondée dans la même chapelle par une demoiselle Potin.

VII

Bois

Situé dans la grande plaine du Multien, Bouillancy ne possédait pas de bois important sur son territoire. La ferme du Plessis comprenait cependant 18 arpents de bois taillis sous forme de garennes ou remises à gibier. Ces taillis étaient loués avec les terres labourables. Le fermier (bail de 1756) devait en faire faire la coupe tous les dix ans « suivant les Ordónnances » et rendre à chaque coupe « les places d'icelles vuides au plus tard au 15 avril, à peine de tous despens, dommages et intérets. » De plus, il devait « laisser tous les anciens ballivaux sans pouvoir les ébrancher ny éboter et laisser 16 nouveaux balliveaux de brin, des plus droits et des mieux venus, par chaque arpent et à chaque coupe », suivant l'indication des propriétaires. Il lui était interdit d'envoyer ni laisser aller aucuns chevaux ou bestiaux dans les bois ou garennes.

Bien que dépourvue de grandes masses forestières, Bouillancy ne manquait pas, d'ailleurs, de bois de haute futaie. Il y avait, en effet, sur la seigneurie, beaucoup d'arbres épars.

Un état du 12 mars 1759 évalue leur nombre à 10584. L'Hospice des Incurables, depuis son acquisition, avait obtenu la permission de prendre dans diverses pépinières du Roi, les plants nécessaires à l'entretien de ces plantations.

Il fallait, d'ailleurs, obtenir une autorisation spéciale du Conseil d'État pour la coupe de ces arbres, soumise aux droits de gruerie et de quint dûs au Roi et au comte de Nanteuil, comme nous le montre une opposition faite en 1742 par le Procureur du Roi en la Gruerie de Valois tant pour le Roi que pour la Maréchale Duchesse d'Estrées, comtesse de Nanteuil. Ces arbres épars de Bouillancy étaient considérés, en effet, comme faisant partie du Buisson de la Tour et de la Garenne de Réez, lesquels étaient enclavés dans les bornes de ladite Gruerie, limitée depuis le village d'Acy jusqu'à la fontaine de Gueux par la rivière de Gergogne, en vertu d'un procès-verbal de M. Mille, commissaire député par le Conseil, en 1540, pour faire cette délimitation.

Ce qui semble prouver, d'ailleurs, la réalité de ces droits, c'est que, lors de l'acquisition, le 1er octobre 1622, par Madame Jeanne de Chastaignier, comtesse de Nanteuil, de la moitié du quint appartenant au Roi dans les bois de la Gruerie de Valois et de Nanteuil-le-Haudouin, le bois de la Tour, tenu de cette Gruerie par le sieur de Bourg et contenant 6 arpents 28 perches, fut compris expressément dans cette vente.

Cela n'empêcha pas les administrateurs des Incurables de protester plus tard, au moment de la saisie réelle de la terre de Nanteuil en 1745, contre ces prétentions des Seigneurs de ce domaine. Ils firent notamment opposition :

Au prétendu droit de connaître en première instance par les gruyers de Nanteuil et de Valois de toutes les matières et de tous les différends qui avaient rapport aux bois dépendant de la terre et seigneurie du Plessis-Bouillancy ;

Au prétendu droit de gruage qui consistait à prendre des « brindelles » et autres menus bois verts et secs et à permettre de couper des bouleaux pour faire des balais dans une partie des bois de lad. seigneurie ;

Au prétendu droit de quint, soit en bois, soit en argent, au choix du comte de Nanteuil, et au droit de requint en cas de revente de partie des bois de ladite seigneurie ;

Au droit prétendu dans l'étendue de ladite seigneurie sur les bois plantés ou « accrus », sur les bruyères, landes, friches et terres vaines et vagues, que les dites bruyères fissent ou non partie des anciens bois ;

Et généralement à tous les autres droits exprimés ou non exprimés dans la saisie réelle dudit comté de Nanteuil que l'on aurait voulu étendre à la seigneurie de Bouillancy.

Tout ce qu'admettaient les Administrateurs des Incurables, c'était le droit de police sur les bois de leur dite seigneurie du Plessis-Bouillancy, exercé par les officiers de la Gruerie de Nanteuil de la même manière et dans les mêmes conditions que les Maîtres particuliers des Eaux et Forêts du Roi.

Nous n'avons trouvé aucun renseignement nous permettant d'indiquer quel fut le sort de ces protestations et la solution de ce conflit.

VIII

Mesurage et Baux

Comme la sentence d'adjudication de la seigneurie de Bouillancy de 1672 ne faisait point l'énumération des terres dont elle était composée, les Administrateurs des Incurables demandèrent et obtinrent le 31 août 1673 des Lettres en forme de Terrier, scellées du Grand Sceau et entérinées par le Bailly de Meaux le 18 novembre de la même année. En vertu de ces lettres, des publications furent faites comme d'usage et des déclarations fournies par les propriétaires des héritages mouvant de la dite seigneurie. Les Administrateurs adressèrent donc au Bailly de Meaux une requête demandant qu'il fût ordonné que la cloture du terrier serait une fois seulement publiée en la ville de Meaux à jour de marché et aux lieux et endroits où il serait besoin et que, pour parvenir à ladite cloture, les mesurage, arpentage et bornage de tous les héritages contenus en la seigneurie seraient faits par deux arpenteurs nommés d'office. Sur cette requête, le bailliage de Meaux rendit le 18 janvier 1679 une sentence conforme, désignant Jean Baudouin et Pierre Rain, arpenteurs royaux, pour faire lesdits mesurage, arpentage et bornage après avoir prêté serment. Cette sentence fut publiée et affichée dans les paroisses de St-Martin de Rez-Fosse-Martin, de St-Pierre et St-Germain de Brégy, de St-Germain de Puisieux, de Ste-Marie-Madeleine de Sennevières, de St-Martin de Chevreville, de St-Denis de Villers-St-Genest, de St-Germain de Betz et de St-Pierre du Plessis-Bouillancy, suivant trois procès-verbaux des 8, 12 et 15 mars 1682.

En conséquence, les arpenteurs royaux sus-désignés procédèrent au mesurage, arpentage et bornage de la seigneurie de Bouillancy et dépendances au cours des années 1683, 1684 et 1685; et sur ce mesurage général, un relevé fait par Monvoisin, arpenteur-géographe le 24 janvier 1732, constata que l'Hôpital des Incurables possédait à Bouillancy, Feux, Gueux et Fosse Martin, 1405 arpents 1 quartier 9 perches de terre, auxquels il faut ajouter une acquisition faite en 1747 de 3 quartiers, ce qui porte l'ensemble du domaine à 1406 arpents 9 perches.

En 1759, ce domaine était divisé en 3 baux :

1° Celui de la ferme du Château du Plessis-Bouillancy et de la ferme de Fosse-Martin (avec Poix, Réez et Chantemerle) contenant 874 arpents 4 perches, dont 18 arpents en bois et 6 arpents 3 quartiers de sables, savarts et grès, suivant mesurage fait en janvier 1752 par Nicolas Laisné, arpenteur royal au bailliage de Meaux. Ces deux fermes étaient louées, par acte du 1er décembre 1756, à André Prévost et Marie-Catherine Afforty, sa femme, pour une période de neuf années, moyennant un fermage de 7.000 livres payables à Paris en trois termes, plus 40 livres à payer chaque année aux pauvres de Bouillancy et à titre de pot de vin « pour une fois seulement » 300 livres d'aumône, « pour aider à acheter des lits pour coucher les pauvres malades de l'Hôpital. » De plus, les cens, surcens, rentes foncières, le tiers des lods et ventes et des amendes étaient abandonnés au fermier, qui, par contre, devait payer toutes les charges et redevances pouvant être dues à des seigneurs étrangers par les terres louées. Outre les terres et bois, ce bail comprenait les deux étangs et les deux moulins banaux [1], plus une masure, reste de la ferme du Château Vert, détruite depuis longtemps.

2° Celui de la ferme de Feux au Plessis d'en Haut, comprenant 224 arpents 2 quartiers 10 perches 1/3 [2], loués le 28 mai 1755 à Charles Guénot et dlle Marie-Jeanne Huyot, sa femme, pour neuf ans, moyennant 1800 l. de fermage payable en une seule fois à Paris à la Saint-Martin d'hiver; plus la charge de payer les cens, charges et redevances seigneuriales qui pouvaient exister sur les terres louées, enfin de payer une seule fois 36 livres pour acheter des lits à l'Hôpital. Les bailleurs se réservant entr'autres choses, les censives, lods, ventes et autres redevances dépendant du fief de Feux, et le droit d'être hébergés, eux, leurs gens, leurs chevaux et leurs équipages, par le fermier. Le fermier de Gueux avait la même charge.

[1] Le 20 janvier 1758, Louis Morel, charpentier, fit la prisée des deux moulins banaux loués au ménage Prévost avec la ferme de Bouillancy. Cette prisée se monta à la somme de 2870 livres 2 s. 4 d. sur laquelle 1528 l. 5 s. appartenaient aux propriétaires.

[2] Le sieur Laisné, arpenteur, avait fait le plan de la ferme de Feux le 10 janvier 1753.

3° Enfin, celui du fief, terre et seigneurie de Gueux contenant 309 arpents 29 perches suivant un plan fait par Nicolas Laîné, arpenteur royal, le 21 décembre 1754 et jours suivants, loués le 28 novembre 1755 à Martin Lenfant et Marie-Théodore de Rome, sa femme, pour neuf années moyennant la somme de 1800 livres payables en deux termes, Noël et Pâques, plus 36 livres une fois données pour acheter des lits à l'Hôpital.

Nous ne nous arrêterons pas sur les conditions de ces baux qui sont, d'ailleurs, presque exactement et textuellement les mêmes que celles des contrats actuels dans la même région. Nous ferons seulement observer que les Administrateurs se réservaient, bien entendu, les droits de haute, moyenne et basse justice; ainsi que le droit de chasse; la tuilerie établie à Bouillancy; le château seigneurial de ce lieu; 6 chapons gras à la St-Martin d'hiver, etc.; mais ils abandonnaient les étangs qui devaient être pêchés et rempoissonnés tous les deux ans, au plus tard au mois de mars.

Le fermier de Feux devait planter chaque année 12 arbres fruitiers aux endroits qui lui seraient indiqués par les propriétaires; celui de Gueux devait de même planter tous les ans 100 pieds de saulx et 20 ormes le long des chemins. Ce même fermier de Gueux devait chaque année 6 chapons gras et 12 paires de pigeonneaux; celui de Bouillancy, 6 chapons.

Chaque fermier devait payer à forfait tous les ans une somme représentant les réparations locatives qui restaient à la charge du propriétaire : celui de Bouillancy et Fosse-Martin payait 40 livres, celui de Feux 15 livres et celui de Gueux 20 livres.

Les fermages totalisés du domaine de Bouillancy s'élevaient à la somme de 10716 fr. 6 sous, 8 deniers, plus les petites redevances en nature que nous avons indiquées, auxquelles il faut ajouter les 30 setiers de grains à livrer chaque année dans les greniers de l'Hôpital. Enfin, deux rentes foncières faisant ensemble 75 livres, et le « casuel », c'est-à-dire les lods et ventes estimées annuellement à 200 livres.

Tel était, au milieu du XVIIIe siècle, les revenus que tirait l'Hospice des Incurables de son domaine de Bouillancy. Il est intéressant, au point de vue économique, de constater que ce domaine resté tel quel, ou à peu près, aux mains de l'Assistance publique, et divisé en deux fermes (plus deux corps de ferme délabrés), — dont l'un porte encore le nom de ferme du château — formant un total de 570 hectares en terres labourables et bois, produit aujourd'hui un revenu annuel d'environ 34.500 francs.

Les propriétés de l'Assistance publique à Bouillancy n'ont pas souffert du passage des Allemands en 1914.

XII

L'Invasion des Hispano-Allemands

AU NORD DE PARIS

EN 1652

L'Invasion des Hispano-Allemands

AU NORD DE PARIS

EN 1652

Combats de Nanteuil et de Brégy.

Senlis menacé.

Noyon, Creil, Pont-Sainte-Maxence et autres villes occupées ou assiégées.

En ce temps de cataclysme mondial dans lequel nous vivons depuis tant de mois, de quoi peut-on s'occuper sinon de la guerre, ou tout au moins de guerre ? L'obsession de la magnifique et tragique histoire que nous écrivons chaque jour avec notre sang et avec nos larmes, absorbe aussi bien le fouilleur d'archives au milieu de ses paperasses délaissées que le soldat qui combat sur le front ou l'homme d'Etat qui prépare la victoire. Je me suis donc demandé si je ne pourrais apporter ici quelque glâne sur un sujet d' « actualité rétrospective » pour ainsi parler, et qui, en remuant en nous les mêmes fibres que font vibrer les évènements quotidiens, ne détonneraient pas trop avec les préoccupations qui nous assiègent.

Trouver des faits militaires ayant eu pour théâtre la région qui fait l'objet de nos études n'est pas chose facile depuis l'époque de Henri IV. A vrai dire, dans les trois derniers siècles, nos pays de Senlisien et de Valois n'ont vu aucun fait d'armes important ; et c'eut été de ma part une prétention outrecuidante de rédiger hâtivement un récit de ce qui s'est passé dans notre « petite patrie » pendant la Ligue et sur cette campagne de 1589, au cours de laquelle la victoire de Senlis sauva la Monarchie Française, campagne sur laquelle les documents abondent et qui, bien que traitée sommairement par plusieurs auteurs, attend encore son historien.

Aussi ai-je dû me borner à chercher dans les Annales du XVIIe siècle si je ne trouverais pas quelques faits de guerre peu connus, non relatés dans nos grandes histoires, et qui se seraient passés sur notre territoire. Évidemment, je ne prétends faire aucun rapprochement entre les très petits évènements militaires dont je vais parler dans les pages qui suivent et ce que nous voyons en ce moment tous les jours. Mais s'il est permis de comparer les petites choses aux grandes, il sera assez curieux de retrouver, il y a deux siècles et demi, plusieurs localités de notre région, non pas victimes des mêmes horreurs — on n'en connaît pas d'analogues dans l'histoire à celles que commettent nos adversaires d'aujourd'hui — mais foulées par l'invasion des mêmes ennemis.

I

C'est, si mon lecteur veut bien le permettre, aux plus tristes jours de la Fronde que nous allons nous transporter.

La guerre civile battait alors son plein. D'un côté, le jeune Roi Louis XIV représenté par sa mère-régente Marie de Médicis et par le Cardinal Mazarin ; de l'autre, les Princes et les grands seigneurs mâtés naguères par Richelieu, et qui tentaient, avec l'aide d'un Parlement de plus en plus envahissant, un retour offensif de la féodalité contre le Pouvoir Royal.

Au mois de février 1651, la coalition des Frondeurs obtenait le renvoi de Mazarin, devenu le bouc émissaire de la cabale et consacrait le triomphe du Prince de Condé, de Gondi et de tous les brouillons qui demandaient la liberté de pêcher en eau trouble. La réaction ne devait pas, d'ailleurs, se faire attendre. Dès le mois d'août suivant, Mazarin était rappelé et Condé exilé dans son Gouvernement de Guyenne. C'est de là qu'il traita avec l'Espagne et avec l'Angleterre et qu'il leva de nouveau l'étendard de la guerre civile contre le Roi qui venait d'avoir ses treize ans et avait fait en septembre sa déclaration de majorité. Le Duc d'Orléans, Gaston, Premier Prince du Sang et oncle de Louis XIV, marchait d'accord avec les ennemis de son neveu, sous les auspices du Parlement qui allait jusqu'à mettre solennellement à prix la tête de Mazarin avec des raffinements de détails incroyables et des appels à la trahison sous toutes les formes les plus répugnantes [1].

C'était l'anarchie complète.

La France était sillonnée d'armées en campagne qui la ravageaient à tour de rôle. Sans parler de celle du Roi, Mazarin avait la sienne ; puis, dans l'autre parti, les Princes avaient les leurs, et même Mademoiselle de Montpensier avait la prétention d'entretenir des troupes à ses ordres.

Mais il n'y avait pas en France que des troupes françaises.

Comme nous venons de le dire, Condé, chef du parti des Princes, avait appelé l'étranger à son secours, et le vainqueur de Rocroi n'avait pas craint de se déshonorer en acceptant contre le chef de sa maison — en même temps son Roi — le concours de cette Maison d'Autriche, dont il avait, dix ans plus tôt, battu les vieilles légions. Ce sont là les surprises de l'histoire des guerres civiles.

Il ne faut pas, d'ailleurs, juger ces faits avec nos sentiments et notre mentalité actuels. Le patriotisme, — ou tout au moins le patriotisme général et national tel que nous l'entendons aujourd'hui — n'existait pas encore au milieu du XVIIe siècle. La féodalité, mise à la raison par la main de fer de Richelieu, — lequel avait voulu la remplacer partout par les « gens du Roi, » ancêtres de notre fonctionnarisme moderne — survivait néanmoins dans les idées et dans les mœurs. Chaque grand seigneur avait sa clientèle représentant ses vassaux, ses sujets d'autrefois. La société politique se composait en haut de Princes au-dessus des lois ou se considérant comme tels, armés d'un prestige inouï dont nous ne pouvons plus maintenant nous faire aucune idée, et en bas de gens soumis à leur patronage, attachés à eux par des liens pour ainsi dire familiaux, lesquels les suivaient dans le bien comme dans le mal, et qui, pour emprunter l'expression usitée alors, leur « appartenaient ». Le Roi n'était encore que le premier de ces princes et il ne représentait en somme, que le personnage le plus important dans

[1] Cet Arrêt du Parlement est du 29 décembre 1651. (Arch. Nat. U 188, f. 175-177.)

cette série de patronages particuliers qui constituaient alors l'ordre politique et social. Cet état qui frisait l'anarchie, explique donc surabondamment que les grands Frondeurs aient fait appel à l'étranger et que Condé, — et aussi un noble soldat comme Turenne, — aient pu passer d'un camp à l'autre sans être déshonorés ni à leurs propres yeux, ni même aux yeux de ceux qu'ils abandonnaient.

Comme conséquence de cet état de choses, la guerre se faisait alors de couronne à couronne, ou de prince à prince; elle n'avait rien de national. De petites forces composées de noblesse ou de soldats de fortune se combattaient aux frontières. Quand survenait la mauvaise saison, on prenait de part et d'autre ses quartiers d'hiver. La guerre, pour beaucoup, était une profession. On voyait encore parfois des corps de routiers, comme au temps de du Guesclin.

Le Duc de Lorraine, Charles IV, chassé de son duché par Richelieu en 1631, était le principal « entrepreneur de guerre » du moment. Il avait organisé une troupe de six mille soldats vivant de combats et de rapines, qu'il louait au plus offrant. C'était une machine admirablement organisée, traînant partout derrière elle ses « goujats », ses voitures, son ravitaillement en armes et son butin et, pour le reste, vivant copieusement sur le pays, cela va sans dire. Cela représentait, en très petit, quelque chose comme la grande mécanique allemande qui s'est déclanchée contre nous au mois d'août 1914 et dont nous et nos braves alliés sommes en train d'user ou de briser les derniers ressorts.

Pour le moment, le Duc de Lorraine était à la solde de la Maison d'Autriche, dont son arrière-petit neveu François III devait absorber les possessions allemandes en devenant en 1745, l'époux de Marie-Thérèse, la dernière des Habsbourg. *Félix Austria, nube!* Notons donc en passant que ce bandit du XVIIe siècle était le prédécesseur direct et l'arrière grand oncle du vénérable et pieux massacreur des Serbes, des Croates, des Tchèques, des Roumains et de beaucoup d'autres, Sa Majesté Apostolique François-Joseph II de Lorraine-Habsbourg, notre adversaire actuel, et le dernier empereur de l'Austro-Hongrie.

Cette Maison d'Autriche n'avait pas manqué l'occasion que lui fournissait la Fronde de s'immiscer dans les affaires de France pour essayer de lui porter le coup mortel; elle avait donc accueilli avec plaisir la demande de secours que lui avait adressée Condé et les Princes.

Nous n'avons pas à raconter ici les opérations de l'armée de reitres du duc Charles de Lorraine, dont nous venons de parler. Ses incursions n'atteignirent pas la petite région dont nous nous occupons. Elles ne dépassèrent pas, de ce côté, Lagny-sur-Marne et Dammartin-en-Goële.

Il n'en est pas de même malheureusement, en ce qui concerne les armées de l'Archiduc Léopold-Guillaume d'Autriche, frère de l'Empereur, Gouverneur des Pays-Bas catholiques, que son double évêché de Strasbourg et de Passau n'empêchait pas d'être un des plus actifs guerroyeurs de son siècle.

Déjà, dès l'hiver de l'année 1650, l'Archiduc Léopold avait franchi la frontière du Nord à la tête d'une armée d'Allemands et d'Espagnols. Au mois de juin, il avait manqué enlever la ville de Guise-en-Thiérache; en août et en octobre, il avait menacé Paris, puis s'était retiré en apprenant la capitulation de Bordeaux, assiégée par le Roi en personne et sous la menace d'une armée royale, qui ne trouvant plus l'Archiduc, battit au moins le 15 décembre à Rethel, les troupes de Turenne, malheureusement alors parmi les dissidents.

Le Valois ne parait pas avoir subi l'invasion en cette circonstance. Mais il n'en fut pas de même dix-huit mois plus tard. Au printemps de 1652, en effet, les évènements s'étaient précipités.

Au mois de février de cette année, Mazarin avait pris Angers et soumis l'Anjou. Deux mois après, en avril, Turenne, heureusement rallié au Roi, avait sauvé l'armée royale à Bléneau, puis conduit la Cour à Saint-Germain, d'où après avoir bataillé pendant cinq mois autour de Paris, il devait faire rentrer « glorieusement » le jeune Louis XIV, le 21 octobre suivant, dans sa capitale, épuisée d'anarchie, et qui depuis plusieurs semaines, refusait même des vivres aux armées des Frondeurs qui l'entouraient, et rappelait son Roi à grand cris.

II

C'est dans cet intervalle de temps qui s'écoula entre la bataille de Bléneau et la rentrée du Roi à Paris (avril-octobre 1652) que se placent les évènements qui intéressent notre histoire locale et que j'entreprends de relater ici.

Il est inutile de faire remarquer que nos histoires générales ne font pas l'honneur à ces évènements de les mentionner. Il faut, pour en retrouver la trace, fouiller les Archives ou lire ces feuilles volantes, que l'on a qualifiées du nom de Mazarinades et qui sont, pour ainsi dire, la gazette donnant au jour le jour les détails de cette dernière guerre civile engendrée par la Fronde.

Ces Mazarinades sont des pamphlets. On ne peut donc admettre sans contrôle tout ce qu'elles disent et il est nécessaire de faire la part des exagérations qu'elles contiennent. Mais il ne faut pas non plus user du procédé trop commode consistant à éluder les difficultés d'interprétation qu'elles présentent, en leur refusant toute valeur et en n'en tenant aucun compte. Ces pièces volantes sont très évidemment pleines de contradictions et d'erreurs, souvent volontaires, puisqu'elles sont l'œuvre des partis. Elles sont imprimées au jour le jour, rapidement et sans soin, rédigées dans un français incorrect que les fautes typographiques rendent parfois plein d'obscurités; mais elles n'en sont pas moins des documents contemporains qu'on ne peut négliger. Elles nous donnent notamment des notions intéressantes sur les incursions des Impériaux dans le Nord de la France.

Ces Impériaux, maîtres des Pays-Bas, voulaient profiter des dissensions intestines des Français pour reconquérir l'Artois et les places de la Flandre maritime. Tout en faisant le siège de plusieurs de ces places, Dunkerque, Gravelines, etc., ils lançaient donc de temps à autre des corps de troupes pour incursionner en Picardie et dans le Nord de l'Ile de France, afin d'attiser la guerre civile en faisant miroiter aux yeux des Frondeurs une aide effective qui ne venait jamais, et par surcroît de ravager les terres de France, ce qui était pour eux tout bénéfice.

C'est ainsi qu'au commencement de la campagne de 1652, on annonça qu'une petite armée commandée par un lieutenant de l'Archiduc s'avançait vers Paris.

On a prétendu que cela avait été une fausse alerte [1], un produit de l'imagination des Frondeurs. Tout en tenant grand compte de l'état d'esprit des Parisiens de ce temps, — état d'esprit qui crée ce qu'on a appelé avec raison la fièvre « obsidionale » et qui donne naissance à des fantasmagories tout à fait extraordinaires, il me paraît difficile d'assimiler aux cent mille Cosaques qui, il y a quelques mois, ont amusé notre badauderie patriotique [2], des mouvements ennemis faits à quelques lieues de Paris, ayant donné lieu à des précautions prises et à des changements de front opérés par des hommes de guerre tels que Turenne et Condé.

Dans tous les cas, sous le bénéfice de ces observations et sans nous porter garants de l'exactitude des faits rapportés, nous allons les rappeler ici, en nous servant de pièces dont M. Moreau, le savant spécialiste en Mazarinades, si sévère quand il s'agit de vérifier l'authenticité de ces pamphlets, ne conteste pas la valeur. Il les trouve « exagérés » sans doute, mais ne les déclare nullement, comme un certain nombre d'autres, faux ou controuvés.

Donc, au mois de juin 1652, un corps de troupes impériales aurait envahi le Nord de la France, sous la conduite du Duc Ulrich de Wurtemberg, arrière grand-oncle lointain de celui

[1] V. DUC D'AUMALE : *Histoire des Princes de Condé*, VI, p. 180.

[2] On a expliqué de plusieurs manières ce curieux exemple d'aberration « obsidionale » : arrivée d'officiers russes en Écosse par Archangel, transports secrets de territoriaux anglais circulant la nuit dans des wagons aux rideaux fermés, etc. L'explication la plus ingénieuse et la plus pittoresque est la suivante : il paraîtrait qu'on donne en Angleterre, dans le commerce de la « coqueterie », le nom de « russes » aux œufs provenant du grand empire slave. Une dépêche aurait été envoyée au mois d'août 1914 à un négociant anglais par son correspondant de Russie, disant : « Expédions cent mille russes par Archangel ». Ce télégramme fut reçu par une employée nouvelle et ignorant cette terminologie commerciale. Elle ne put retenir sa langue. et de là vint ce bruit extravagant.

qui commande en ce moment sur notre front, du même côté, une des principales armées allemandes.

Cette armée se serait composée des régiments suivants : Les deux régiments de Flandre, cavalerie et infanterie; le régiment de Hainaut, infanterie; le régiment des Wallons, cavalerie; le vieux régiment d'Artois, cavalerie; les quatre régiments liégeois, trois de cavalerie et un d'infanterie, qui constituaient en temps ordinaire la garnison de Liège et de sa province; le régiment de l'Archiduc lui-même (450 chevaux), plus mille chevaux levés à Bruxelles et à Anvers [1].

En comptant les régiments de pied à douze cents hommes et ceux de cavalerie à une moyenne de quatre cent cinquante chevaux, cela pouvait faire 4.150 cavaliers et 3.600 fantassins, ce qui concorde absolument avec ce que dit notre plaquette, qu'il y avait là 8.000 hommes effectifs.

Cette armée était partie d'Anvers et était venue en droite ligne à Ypres où elle était restée deux jours. De là elle passa par Courtrai où elle demeura trois jours, puis à Landrecies. Enfin passant près d'Arras, mais ne pouvant traverser la Somme à Amiens dont le gouverneur était le Duc d'Elbeuf resté fidèle à la cause royale, elle opéra ce passage à La Capelle (?) et vint à Crécy d'où elle gagna Marchais près de Liesse, puis Vaux-sous-Laon où elle séjourna deux ou trois jours et où elle aurait fait sa Revue.

De Laon, l'armée impériale prit son chemin vers Coucy où peu de temps auparavant le Duc de Lorraine avait battu les troupes du Maréchal d'Estrées, Gouverneur de Soissons. Puis, cette dernière ville refusant naturellement le passage aux Impériaux, ils avaient été traverser l'Aisne à Braine pour venir de là à Vesly-sur-Aisne, où ils étaient demeurés une semaine entière. Ils séjournèrent ensuite une autre semaine à Fismes,

---

1 Cette nomenclature est empruntée à la pièce intitulée : *L'arrivée des trouppes de l'Archiduc Léopold à Nanteuil-le-Haudouin et à Dampmartin, ensemble le nombre de leurs régimens, tant cavalerie qu'infanterie, conduittes par le Duc de Wittemberg. Avec la liste de leur marche, depuis leur départ jusques à ce jourd'hui. Ensuite la prise des Mulets du Mareschal de Turenne, plus la lettre de Mademoiselle à l'Archiduc et la response qu'il luy à faicte.* — A Paris chez Claude Leroy, au Mont Saincte Geneviève M.DC.LII. — 8 pages petit in-quarto.

puis s'installèrent à Villers-Cotterets où ils attendirent les ordres de princes qui auraient envoyé au-devant d'eux quinze cents chevaux « pour les saluer de leur part ».

Cette manière de faire la guerre en zigzaguant de l'ouest à l'est et du nord au sud par des marches et des contre-marches de toute nature, et en faisant de longs séjours dans toutes les localités où l'on passe, a lieu de nous étonner aujourd'hui, nous qui voyons des armées de millions d'hommes se battre le 22 août sur la Meuse et recommencer le 6 septembre sur l'Ourcq et sur la Marne. Pour comprendre cette incohérente stratégie, il ne faut pas oublier qu'au temps dont nous parlons, la diplomatie et les intrigues jouaient presque toujours un rôle bien plus important que les combats et que, surtout dans les guerres civiles, on négociait beaucoup plus qu'on ne se battait.

Tout en allant et venant, la petite armée impériale dont nous venons de suivre la route, avait pénétré jusqu'aux environs de Villers-Cotterets. S'il faut en croire d'autres pièces du temps, elle aurait reçu en chemin des renforts considérables et se serait étendue un peu à l'est, depuis La Ferté-Milon « jusques en deçà de Senlis » [1]. Elle aurait donc occupé une ligne passant par La Ferté-sous-Jouarre, Lizy-sur-Ourcq et Dammartin. Il y a là, dans tous les cas, une exagération évidente.

Quoi qu'il en soit, et suivant nos documents, l'avant-garde ou l'aile droite commandée par le Marquis de la Boullaye, français, était forte de deux mille chevaux et huit mille hommes de pied et postée au nord de Dammartin, entre cette ville et Nanteuil, avec six canons. Le corps de bataille, commandée par le Duc de Wurtemberg, le Comte de Fuensaldagne et don Gabriel de Tolède, consistait en trois mille chevaux et sept mille fantassins avec sept canons ; ces troupes appartenaient à l'Archiduc. L'arrière-garde formant l'aile gauche, à la tête de laquelle était le chevalier de Guise, avait quatre mille hommes fournis par le Duc de Lorraine et trois mille Liégeois levés

[1] *La deffaite de huit cens hommes des troupes du Mareschal de La Ferté Senneterre, prés Nantheuil, par l'armée de l'Archiduc Léopold, ensemble les particularités et la prise de leur bagage.* — A Paris, chez Loys Hardouin, rue Saint-Victor, M.DC.LII. Avec permission. — 8 pages in-quarto.

pour le comte du Prince de Condé, avec six pièces de canon. Cette arrière-garde occupait les environs de Meaux.

L'objectif de cette armée qui, comme on le voit, possédait des effectifs très considérables pour l'époque, puisqu'en additionnant le détail, nous y trouvons douze mille fantassins et quinze mille chevaux, était de rejoindre celles du Duc d'Orléans et du Prince de Condé alors à Poissy et à Saint-Cloud et qui, par ce renfort, se seraient trouvés à la tête d'une quarantaine de mille hommes. Leur intention était alors d' « aller retirer le Roy détenu par les Mazarins et se saisir des personnes du cardinal Mazarin et de ses adhérents ». On voit quel intérêt majeur avaient les royalistes à empêcher cette jonction. Les ordres de la Cour étaient, du reste, formels, et le 21 juin, le Roi écrivait de Melun à Turenne (MICHAUD et POUJOULAT, tom. III, p. 443) pour lui enjoindre d'empêcher cette jonction.

Malheureusement les troupes qu'ils avaient à opposer à celles de l'Archiduc étaient bien inférieures en nombre. Le Maréchal de la Ferté-Sennectaire, laissé en avant-garde près de Dammartin-en-Goële, n'avait que trois mille hommes qu'il venait de ramener des frontières de Lorraine, et le Maréchal de Turenne avec un corps de neuf à dix mille hommes effectifs, se tenait à Crécy-en-Brie, Lagny-sur-Marne et Chelles [1] abrité derrière la Marne et ne pouvant raisonnablement abandonner ce poste de défense avantageux pour aller affronter des forces presque trois fois supérieures. D'ailleurs, en restant sur ce front, il s'interposait entre Paris et le gros des Impériaux dont une partie arrivait par La Ferté-sous-Jouarre. Néanmoins, les troupes loyalistes avaient un intérêt tellement puissant à arrêter ou tout au moins à retarder la marche de l'ennemi sur Paris, que le Maréchal de La Ferté-Sennectaire, qui, nous l'avons vu, était sous Dammartin, n'hésita pas à se jeter, dès qu'elle se mit en mouvement, et avec les trois mille hommes qu'il commandait, sur la troupe du Marquis de La Boullaye,

[1] C'est le 18 juin 1652 que Turenne marcha de Villeneuve-Saint-Georges à Lagny où il passa la rivière « et se logea vers Dammartin, afin d'empescher un corps que l'on disoit qui venoit de Flandre et devoit venir le long de la rivière d'Oise.., (*Mém. de Turenne*, publ. par Paul MARICHAL, pour la *Soc. de l'Hist. de France*. Paris, 1909, I, p. 201. — Cfr. *Gazette de France*, 1652, p. 612.

forte de deux mille cavaliers et de huit mille fantassins avec six canons. Il s'avança donc au-devant de cette troupe dans la direction de Nanteuil-le-Haudouin.

Le Maréchal s'étant posté sur une éminence avantageuse près de Nanteuil, avec environ mille hommes et trois canons, commença, dès qu'il les vit s'avancer, à canonner les troupes du Marquis de La Boullaye et lui tua quelques hommes. Mais les six canons de l'ennemi étant entrés en jeu, les trois pièces des troupes royales furent bientôt démontées. Le Maréchal fit alors charger, sous la conduite du Comte de Vaubécourt, son lieutenant, les huit cents chevaux et les deux cents dragons que celui-ci avait sous la main; mais ils furent immédiatement « salués de trois pièces chargées de cartouches » au lieu de boulets — je pense qu'il faut voir ici la mitraille du temps — et cette cavalerie, ayant perdu une quarantaine d'hommes, fut mise en déroute, le Comte de Vaubécourt, son chef, ayant même un instant été prisonnier.

Sans perdre de temps, le Marquis de La Boullaye fondit avec ses deux mille cavaliers, soutenus de près par ses huit mille fantassins, sur les deux mille hommes qui restaient au Maréchal de La Ferté, lequel, après avoir résisté pendant une demie heure, et ayant perdu trois cents chevaux tués et cinq cents hommes de pied restés sur le terrain, battit en retraite dans un complet désordre, abandonnant à l'ennemi ses morts et son bagage. Le gros des fuyards se sauva avec le Maréchal vers Crépy-en-Valois. « Quantité de blessés se retirèrent vers Senlis, dont les habitans, dit notre document (p. 7) ont refusé de les recevoir dans leur ville, et ont esté contraints de demeurer aux Faux-Bourgs où ils se font panser ».

Pendant que ceci se passait autour de Nanteuil, un petit corps de huit cents chevaux de l'armée loyaliste, laissé en arrière près de Lagny-le-Sec (où il était campé à la Grange-au-Diable, à une lieue de Saint-Soupplets) avait tenté d'intervenir en faisant une diversion sur la gauche de l'ennemi [1].

[1] *La deffaite des troupes du Général Rose dans la plaine; de Brégy par le Duc de Wurtemberg et le Comte de Fuensaldagne, et la construction du pont de Charenton par les trouppes des Princes et ceux du Mareschal de Turenne à celui de la Barre.* A Paris, chez Claude Le Roy au Mont-Sainte-Geneviève. M.DC.LII. 7 p. in-4°.

Le Commandant de ces huit cents chevaux se lança bravement avec six cents cavaliers, les trois quarts de son effectif, sur le corps de bataille des Impériaux où il fut reçu par quatre régiments : un régiment du Hainaut, un de Liège et deux autres du Duc de Wurtemberg. Le combat eut lieu au sud de Chèvreville, dans la plaine entre Ognes et Brégy.

Devant les forces supérieures qui leur étaient opposées, les six cents chevaux durent céder et se retirer sur leur poste de Lagny-le-Sec, poursuivis par l'adversaire. Une lutte opiniâtre eut lieu sur ce point qui était retranché, entre l'église de Lagny et la Grange-au-Diable, « dont chacun en sait assez les particularités d'ancienneté », dit une de nos Mazarinades. Mais ils ne purent tenir longtemps et s'enfuirent bientôt droit à Mons — probablement Montgé — à côté de Dammartin, puis de là au château de Nantouillet, enfin à Charny près de Claye-en-France, d'où ils purent rejoindre à Charenton le corps de l'armée royale fort de quatre mille hommes, sous le commandement du général Rose (Rosen), un des généraux allemands au service du Roi et de Mazarin.

La victoire de l'armée envahissante aurait donc été complète, d'autant plus que Turenne qui s'était avancé à Lagny-sur-Marne et à Chelles pour observer les mouvements de l'ennemi, en apprenant la défaite de son collègue La Ferté, craignant peut-être une rencontre inégale, s'était empressé de reculer jusqu'à Brie-Comte-Robert. Mais il n'entrait pas dans les desseins des Impériaux de permettre aux Frondeurs d'obtenir une victoire complète. Ils reprirent le chemin du nord abandonnant les troupes des Princes et le Marquis de la Boullaye, lequel arrivé à Lagny les attendit vainement ; les négociations et les intrigues se poursuivirent donc entre les royalistes et les Mazarin, et la Fronde continua.

Les évènements qui se passèrent ensuite, c'est-à-dire le combat de Charenton, les tentatives de passage de la Seine par l'armée royale au même lieu, à Saint-Cloud et à Epinay, sont en dehors de notre sujet. Mais nous devons raconter en quelques mots une autre incursion qui eut lieu un peu plus tard, c'est-à-dire après le combat du Faubourg Saint-Antoine (2 juillet) et qui intéresse notre région.

Une armée de l'Archiduc avait pénétré en France entre le Catelet et Guise, toujours dans le but apparent de s'acheminer vers Paris et de faire sa jonction avec les troupes des Princes, mais en réalité pour faire du dégât et pour entretenir la guerre civile. Les Impériaux avaient passé la Somme malgré la résistance du Duc d'Elbeuf, Gouverneur de Picardie pour le Roi, « qui avoit bordé cette rivière de ce qu'il avoit de troupes », dit la pièce qui nous sert ici de guide[1].

Le Duc se retira vers la ville de Chauny où il fut rejoint par le Maréchal d'Estrées, gouverneur de Soissons. Les habitants de Chauny avaient promis de refuser le passage aux Impériaux, sur l'engagement formel d'être secourus non seulement par les troupes du duc et du Maréchal, « mais par d'autres qu'ils attendoient de l'armée du Maréchal de Turenne. » Les Impériaux comptaient sept mille chevaux et six mille fantassins, avec dix-huit pièces de canon. Les habitants de Chauny résistèrent pendant deux jours, mais sommés pour la dernière fois de se rendre avant l'assaut, ils envoyèrent dire au Duc d'Elbeuf que s'ils n'étaient pas secourus dans les six heures, ils seraient contraints de se rendre. Le Duc et le Maréchal d'Estrées dont les troupes réunies ne se montaient qu'à environ quatre ou cinq mille hommes et six pièces de canon, tinrent conseil et résolurent de secourir la place malgré l'infériorité de leur nombre, comptant sur l'effort que feraient de leur côté les habitants. Mais le comte de Fuensaldagne qui commandait l'ennemi ayant appris ce qui se préparait, leur fit dire que s'ils faisaient le moindre acte d'hostilité contre lui, il n'y aurait pour eux aucun quartier, ce qui les fit rester tranquilles spectateurs du combat, lequel malgré le courage des royaux, se termina naturellement en faveur des Impériaux. Le Duc et le Maréchal perdirent douze cents tués et huit cents prisonniers, parmi lesquels le duc d'Elbeuf et le sieur de Manicamp. Chose assez

[1] *La sanglante deffaite des trouppes Mazarines en Picardie* (sic), *où le Duc d'Elbeuf et le sieur de Manicamp qui les commandoient ont été faits prisonniers par l'Armée de l'Archiduc Léopold, Commandé par le Comte de Fuensaldagne et le Marquis de Sfrondrade, où il y eut douze cens hommes tués, huit cens prisonnières* (sic) *avec perte de leur canon et bagage.* — A Paris, chez Salomon De la Fosse, Su (sic) quay de Gesvres, vers le Pont Marchands (sic) M.DC.LII. — 8 pages in-quarto.

singulière : ne pouvant probablement s'encombrer de tous ces prisonniers, les vainqueurs se bornèrent à prendre les chevaux et les équipages, laissant les cavaliers s'en aller à pied où bon leur semblait. (*Mém. de Turenne*, p. 206.)

Le Maréchal d'Estrée put s'échapper avec le reste en sauvant quatre pièces de canon, dans les bois voisins (de Laigue), Chauny se rendit et le vainqueur se contenta de désarmer ses habitants.

Cette incursion des Impériaux fut, d'ailleurs, arrêtée peu après. L'armée royale, venant de Pontoise, avait pris le chemin de Creil et de Senlis le 24 juillet « pour occuper ces postes et y observer la marche de l'armée d'Espagne. » Quelques jours après, elle était à Pont-Sainte-Maxence [1], et le 28 juillet, on signalait que Fuensaldagne et ses forces étaient en retraite vers Notre-Dame-de-Liesse. (Mémoire envoyé à Turenne, publ. par MICHAUD et POUJOULAT, *op. cit.* p. 445.)

Le coup des soudards de l'Archiduc était donc manqué. D'ailleurs, satisfaits de leurs déprédations, les Impériaux « engraissés de contributions et de pillages », comme l'écrit le duc d'Aumale, reprirent encore une fois le chemin de la Flandre et de l'Artois, d'où ils devaient revenir de nouveau par la Champagne avant la fin de cette néfaste année 1652.

III

On peut s'imaginer ce qu'avaient à souffrir les localités envahies, pendant ces campagnes successives. Toutes les Mazarinades sont remplies de plaintes à ce sujet, aussi bien les pièces émanées des Frondeurs que celles publiées par les Royalistes. Le fond des armées des deux partis était formé, en effet, de mercenaires étrangers et surtout allemands. C'était une habitude qui remontait déjà loin, comme en fait foi le cri patriotique et paternel de Henri IV, à la bataille d'Ivry : « Sauvez les Français ! » En 1652, on appelait les soudards de l'Archiduc « Espagnols » parce qu'ils portaient l'écharpe rouge

[1] Lettres de l'abbé Viole, du 25 juillet et du 4 août, publiées par le duc d'Aumale, op. cit. VI, p. 538.

de Castille ; mais la plupart venaient d'Allemagne ou des rives du Rhin. De plus, il ne faut pas oublier qu'à cette époque, et par un procédé qui a été remis en honneur par nos ennemis actuels, les armées en guerre, amies ou ennemies, vivaient sur le pays, le « mangeaient », suivant l'expression courante aussi imagée que cynique. Les malheureux habitants des contrées occupées par les Impériaux durent supporter toutes les horreurs.

Nous n'avons pas le récit des atrocités commises. Néanmoins l'un de nos documents [1] nous permet de juger de tout ce qu'ils avaient souffert, par l'exaspération des paysans. Voici en quels termes s'explique la pièce dont nous parlons : « Le mal est que les païsans par eux ruinéz sont attroupéz et arméz aux passages, aux bois et dans les lieux couverts, en résolution de se vanger des cruautés qu'ils leurs ont esté faites, de tuer tous ceux qui tomberont entre leurs mains, ce qui les met grandement en peine, à moins que de marcher tous ensemble. »

On essayait parfois de se servir de la soif de vengeance des paysans pour les organiser contre l'envahisseur. Dans un Mémoire adressé par le Roi à Turenne (publ. par MICHAUD et POUJOULAT, op. cit., p. 445), nous lisons qu'il lui recommande de rassembler « ce qu'il pourroit de paysans de la Thiérache, qui sont gens aguerris et capables de faire le dégast chez les ennemis, pour se venger de celui qu'ils ont souffert... »

Il n'est pas nécessaire, encore une fois, de faire un grand effort d'imagination pour se figurer les cruautés auxquelles il est fait allusion ici, supportées par ces malheureux du fait des envahisseurs. Il suffit de se rappeler les tableaux de guerre tracés avec leurs pinceaux réalistes par ces peintres flamands contemporains que nous avons tous vus aux Musées de Bruxelles et d'Anvers, et qui resteront les témoins véridiques de toutes ces horreurs, à moins que les Teutons, qui sont aujourd'hui et pour peu de temps encore maîtres des Musées Belges qu'ils pillent, parait-il, comme tout le reste, ne détruisent ces tableaux d'atrocités séculaires, dans la crainte qu'on ne puisse leur trouver un renouveau d'actualité. Ils ne détruiront pas, dans tous les cas, ces planches de Callot si suggestives,

[1] *La deffaite de huict cens hommes des Troupes du Mareschal de la Ferté...* etc., p. 8.

que la gravure met à l'abri de leur vandalisme intéressé et qui représentent la guerre et les horreurs commises, alors déjà, par leurs prédécesseurs.

Nous avons encore une autre preuve des traitements auxquels étaient soumises les malheureuses populations rurales, dans le récit d'une tentative faite sur la ville de Noyon, au mois de juillet [1] après la prise de Chauny que nous avons racontée tout à l'heure.

Le 16 juillet 1652, le duc de Wurtemberg et le Prince de Ligne, à la tête d'une troupe de huit cents cavaliers allemands, arrivaient devant Noyon, venant de Chauny, par les bois de Crisolles. Ils furent immédiatement signalés dans le faubourg de Dame-Journe (?). Ils procédèrent sans retard à un pillage en règle des faubourgs. Après celui d'Applaincourt, par lequel ils arrivaient, ce fut le tour de celui de la route de Morlincourt. Si nous en croyons notre document, après le pillage vint l'incendie : « Et ont amené — ajoute-t-il, — une quantité de paysans pour faire payer rançon; ceux qui n'avoient de quoy, ont esté tuez en chemin; il y a eu cinquante maisons brûlées... ».

Ces gentillesses continuèrent au faubourg du Veu (?) où ils mirent le feu partout.

Enfin, quand ils eurent bien ruiné les faubourgs, ils songèrent à s'occuper de la place elle-même. Ils sommèrent donc par un Trompette la ville de Noyon de se rendre, « ou fournir dix mil pistoles de contribution, sinon que dans huict jours il estoit résolu de mettre la ville à feu et au pillage et de brûler le seigneur Évesque (de Baradat) dans son lict ».

La réponse du seigneur Évêque et du Mayeur de la ville au Trompette, a été, — ajoute notre document — « que la ville estoit au service du Roy de France et non pour ses ennemis, qu'elle estoit en estat et résolue de se deffendre, et non pas de contribuer; que si le Duc son Maistre (à cause de la grande course qu'il avoit faite), avoit à faire de demy-douzaine de

---

[1] *Relation véritable de l'entreprise faite par le prince de Lingne* (*sic*) *et le Duc de Wittemberg sur la ville de Noyon, avec la deffaite des troupes Espagnolles devant la dite ville, et le récit de tout ce qui s'y est fait et passé.* A Paris, chez Jean Le Rat... 1652, 8 pages in-quarto.

bouteilles de vin, qui ne s'en fist pas nécessité (qu'il ne s'en mit pas en peine) ».

Devant cette fière réponse, qui ne manquait pas d'ironie, l'ennemi n'insista pas et se retira avec son butin ; mais « s'en retournant ils ont pillé, violé et brûlé plusieurs villages... » C'était toujours la conclusion de ces sortes d'expéditions.

Fort heureusement pour Noyon, Henri de Baradat, son évêque, était un homme énergique, qui avait déjà montré son courage lors de l'invasion de 1636. Aidé des Chanoines de sa Cathédrale auxquels il donnait le bon exemple, il organisa la défense, faisant de fréquentes inspections, réparant avec activité les fortifications de la place et montant la garde à son tour alternatif avec son clergé et les habitants. Les reîtres de Wurtemberg ne s'y frottèrent plus et se contentèrent d'avoir ruiné pour longtemps les abords de la ville.

On retrouve encore une trace de la terreur qu'inspiraient les soldats étrangers, quelques semaines plus tard, dans la « Harangue faite au Roy à son arrivée en la ville de Compiègne[1] », par le Maire de la dite ville. (Paris 1652, 8 pages in-4°). Il y est question de « ce torrent d'estrangers que nous avons veu sur le point d'inonder sur nos campagnes et nos villes », torrent auquel le Roi doit opposer une digue.

Partout, en ce triste temps, comme le dit un historien du Duc de Lorraine[2], c'étaient des plaintes désespérées des habitants des pays occupés contre les soldats qui « violaient leurs filles et leurs femmes et les emmenaient avec eux... » Nous avons revu cela plus d'une fois dans la présente guerre.

On pourrait multiplier à ce sujet les citations de documents contemporains. Nous nous bornerons aux suivantes :

A la fin d'avril 1652, le Roi écrit deux lettres à Turenne pour lui signaler les excès « des chevaux légers allemands et autres troupes estrangères » servant dans l'armée que commande le maréchal, lesquels, s'écartant de leurs cantonnements, pillent les campagnes et les villages, « n'épargnant pas mesme les maisons seigneurialles », volent les bestiaux et massacrent de sang froid les pauvres paysans qui osent venir leur réclamer

[1] Il y avait alors trois ans que le Roi n'était venu à Compiègne.

[2] F. DES ROBERT : *Charles IV et Mazarin*, Nancy, 1899, in-8°, p. 471.

leur bien. Le Roi donne des ordres sévères pour mettre fin à ces excès [1].

Dans une lettre à Le Tellier du 23 août suivant, Mazarin lui dit « que les Wittembergs — les Wurtembergeois, c'est à dire les allemands commandés par le duc de Wurtemberg — bruslent tous les lieux où ils passent... » [2].

Enfin, le 23 décembre de cette même année 1652, le Roi intervient encore pour signaler les excès commis, cette fois par les soldats ennemis, et menace de représallles. Ayant appris que les troupes commandées par Condé brûlent les villages des environs de Sainte-Menehould et en particulier ceux qui appartiennent à M. de Vaubecourt, un des lieutenants de Turenne, il écrit à ce Maréchal et à M. de la Ferté « pour vous dire que vous ayez à faire entendre audit Prince de Condé, par un Trompette, que si les dites trouppes bruslent dans mon royaume, qui est une manière de faire la guerre non pratiquée jusqu'à présent par les Espagnols, j'ay résolu de faire user des mesmes voyes contre les biens dudit prince de Condé, et dans les lieux qui luy appartiennent et à ceux de son party, situés dans mon royaume; sur quoy vous me ferez sçavoir ce qu'il vous aura respondu... » [3].

Cette menace produisit sans doute de l'effet, puisque nous n'avons aucun renseignement concernant les représailles promises, dont les biens de Condé situés dans notre région auraient certainement souffert.

---

1 *Nouvelle collection de Mémoires sur l'histoire de France*, publ. par MICHAUD et POUJOULAT, Paris, 1830, tome III, p. 437 et 438.

2 *Lettres de Mazarin*, publ. par CHÉRUEL. Paris, 1889, tome V, p. 152.

3 MICHAUD et POUJOULAT, *op. et loc. cit.* p. 451. — Pour en finir avec les méfaits des envahisseurs de la seconde Fronde et à défaut des registres municipaux de Senlis qui manquent précisément pour cette période (de 1610 à 1665), on pourrait peut-être avoir quelques détails précis sur les atrocités allemandes et espagnoles de 1652, en compulsant les registres paroissiaux où les curés inscrivaient parfois des notes intéressantes sur les évènements qui avaient lieu dans leurs villages. Je recommande en passant cette source de documents à Messieurs les Instituteurs qui y feraient peut-être de curieuses trouvailles.

IV

Notre pays senlisien n'était malheureusement pas définitivement débarrassé de l'invasion des soudards impériaux et il devait souffrir encore cruellement de leur passage au cours de cette année de malheur 1652.

Les Parisiens, las de guerres civiles, avaient enfin résolu de rouvrir leurs portes au Roi et à sa mère. Le Parlement, sous la pression de l'opinion et fatigué, lui aussi, de ces désordres qui ne pouvaient profiter qu'à des grands seigneurs ambitieux, avait rendu un Arrêt solennel par lequel tout propriétaire d'une troupe armée quelconque était sommé de l'éloigner à dix lieues de Paris. L'exaspération contre les fauteurs de désordre était telle que le Prince de Condé lui-même, tout en refusant encore de faire sa soumission au Roi, fut obligé d'obéir à cette injonction d'ordre militaire. Il quitta donc Paris le 12 octobre avec les mercenaires à sa solde, quelques jours avant que le Roi y fit sa rentrée triomphale le 21 du même mois. Pendant que le reste de ses troupes, presque toutes composées de soudards hispano-allemands, quittant Villeneuve-Saint-Georges, allaient camper entre Dammartin et Villers-Cotterets et finissaient de « manger » consciencieusement nos cantons actuels de Nanteuil-le-Haudouin et de Crépy-en-Valois, le Prince de Condé arrivait à son château de Chantilly à la tête de trois cents chevaux.

Son premier soin fut de s'assurer des passages de l'Oise, et il envoya immédiatement sommer la ville de Creil de se rendre. Une de nos Mazarinades nous donne le détail de ce qui se passa en cette circonstance [1].

Je ne m'arrêterai pas ici à cet épisode d'histoire locale dont notre ancien confrère le docteur Boursier a parlé dans sa consciencieuse « Histoire de la ville et châtellenie de Creil » (Paris in-8° 1883). Il a même intégralement reproduit dans ce livre la plaquette en question. Je rapselle seulement cet évènement pour le *situer* au milieu des faits de cette guerre civile, ce qu'a négligé de faire M. Boursier.

[1] *La Prise de Creil par les Trouppes de M. le Prince*, etc. — Paris, chez Jacques le Gentil, (Daté de Creil le 16 octobre 1652.)

Après quelque hésitation, car les habitants de Creil étaient restés fidèles au Roi, lequel y avait même passé le 23 septembre précédent et encore le 3 octobre, en allant de Compiègne à Pontoise, cette ville, ne pouvant avoir la prétention de résister aux forces importantes dont le Prince, son voisin de Chantilly, la menaçait, se soumit le 14 octobre et reçut une garnison de deux cents hommes. Pont-Sainte-Maxence fut occupé également le même jour et, maître des deux passages de l'Oise, le Prince de Condé voulait s'assurer tout le pays en deçà, de manière à pouvoir y faire hiverner dans de bonnes conditions son armée, pour le cas où, la paix ne se concluant pas encore, il serait obligé d'attendre le printemps pour recommencer la guerre civile.

Dans ce but, dès le 12 octobre, et pendant que M. le Prince rentrait à Chantilly, un corps de lorrains à sa solde, détaché du gros de son armée qui, comme nous venons de le dire, était vers Dammartin et Nanteuil — occupait toute la vallée de la Nonette jusqu'aux portes de Senlis. Dans la nuit du 12 au 13, quatorze ou quinze cents de ces soudards entraient dans l'enceinte du prieuré de Saint-Nicolas d'Acy en escaladant les murailles et en brisant les portes « avec des haches, grandes cognées et béliers ». Il faut lire dans un procès-verbal conservé aux Archives de l'Oise (Série H, 2593) le récit des déprédations, des excès et du pillage complet auxquels se livrèrent en cette fin de mois les gens de guerre, dit ce document, « tant du parti des ennemis que des armées du Roy ».

L'armée royaliste du Maréchal de La Ferté Saint-Nectaire s'était mise, en effet, à la poursuite des Lorrains de M. le Prince. Passant par Meaux et ayant traversé la Marne le 11 octobre, elle campa à Borest, d'où elle alla à Montlévêque *(Mém. du duc d'Yorck* et *Mém. de Turenne*, p. 218) ; puis elle vint à Courteuil, et dès le 14 octobre, elle remplaça à Saint-Nicolas d'Acy les reîtres de Condé qui avaient déguerpi. Le Maréchal en personne, avec 500 chevaux, « outre les maîtres et les valets », avait pris son logement dans le malheureux prieuré.

Ils achevèrent de détruire ce que les Lorrains avaient laissé debout et intact, tant à la Maison conventuelle qu'aux fermes de Courtillet, d'Avilly, etc..

Une requête présentée le 18 février 1653 à l'administrateur des biens séquestrés du Prince de Condé, alors à l'étranger, estime à 440 pieds d'arbres de haute futaie, le bois nécessaire aux réparations du prieuré et de ses dépendances. Les reîtres de l'armée royale ne se contentèrent même pas de ruiner le prieuré de Saint-Nicolas. Ne pouvant enlever par un coup de main le château de Chantilly, ils saccagèrent le parc et tuèrent les cerfs et les oiseaux rares de la volière pour améliorer leur ordinaire [1].

Les pauvres habitants de Senlis, au milieu de cette invasion du plat pays à leurs portes, ne savaient à quel saint se vouer. Ils comprenaient que dans l'hypothèse d'un hivernage, le prince de Condé avait absolument besoin de leur ville comme place d'armes. Ils ne voulaient donc pas l'exaspérer. D'un autre côté, restés jusque là royalistes et traditionnellement fidèles au sang de Henri IV, ils cherchaient le moyen de se tirer d'affaire sans trop de dommages de part et d'autre. Au moment de l'invasion des Lorrains à Saint-Nicolas-d'Acy, il fut d'abord question, tant les appréhensions étaient grandes, d'envoyer offrir immédiatement les clefs de la ville à Monsieur le Prince. Mais le Gouverneur, M. de Saint-Simon, obtint de ses administrés de tenir bon « et ne se rendre pas sans voir au moins un siège formé devant leur place ».

La plaquette à laquelle nous empruntons ces détails [2] est datée du 16 octobre. A ce moment, les troupes royalistes du du Maréchal de La Ferté semblaient dominer la situation, puisqu'elles occupaient toujours le prieuré de Saint-Nicolas et la vallée jusqu'à Chantilly. Elles devaient y rester jusqu'au 25, et être rejointes par le Maréchal de Turenne lui-même [3].

Cela ne rendait pas, d'ailleurs, la situation moins critique pour les « bonnes gens de Senlis », ni pour les nombreux paysans qui s'étaient réfugiés dans leurs murs, car malgré la présence des troupes royales dans la vallée, le Prince faisait

[1] DUC D'AUMALE, op. cit. VI, p. 255.

[2] *Récit véritable de tout ce qui s'est fait et passé dans les villes de Senlis et Soissons, sur les demandes de M. le Prince.* Paris, chez Noël Polletier, au Mont Saint-Hilaire. M.D.C.LII. 8 pages in-4°.

[3] Lettre à Lenet, publiée par le DUC D'AUMALE, op. cit. VI, page 581.

« continuellement filer ses troupes » par la forêt et ses cavaliers se montraient sans cesse aux portes de la ville.

La consternation était grande et les Senlisiens affolés ne savaient à quel saint se vouer.

En fin de compte, ils s'arrêtèrent à une solution qui montre le complet désarroi moral où l'on vivait à cette époque désastreuse. Ils se gardèrent bien d'ouvrir leurs portes à l'un des des deux partis ; bien que bons royalistes, ils ne se souciaient pas de livrer leur ville à la soldatesque, quelque bannière qu'elle suivît. Mais, désireux de rester loyaux sujets du Roi et craignant en même temps de rompre en visière avec leur puissant voisin de Chantilly, ils envoyèrent à la Cour une députation composée de deux officiers de justice et de deux échevins, pour exposer leur situation ; et en même temps ils s'adressèrent directement à Condé pour connaître ses intentions, le suppliant de ne pas permettre que leur ville fut « assiégée par ces estrangers », et ils ajoutèrent « qu'ils ont tant de confiance en sa Bonté, qu'ils espèrent qu'il aura quelques esgards à une Ville qui est proche de ses terres et qui en seraient endommagées par la licence de telles trouppes, qui vivent sans ordre et sans discipline ».

La pièce à laquelle nous empruntons cette dernière citation *(Récit véritable..)* était imprimée avant le retour des deux députations envoyées au Roi et à Condé, et elle se termine de nouveau en exprimant l'espoir que M. le Prince empêchera « que la ville de Senlis soit assiégée en cas qu'il agisse en ceste Armée estrangère, qui n'obéit volontiers qu'aux chefs de leur Nation. Si ce n'est — continue patriotiquement le rédacteur de cette feuille — que la paix qu'on attend ne fasse changer de face aux affaires, fasse revenir les Princes du sang auprès du Roy, et que l'on renvoie les Estrangers en leurs Pays ».

Comme on le voit, c'est toujours la même hantise des soudards allemands et espagnols qui composaient le fond de toutes les armées et dont les horribles excès qu'ils commettaient partout où ils passaient, faisaient la terreur des villes aussi bien que des campagnes.

Cette fois encore, cependant, la ville de Senlis fut épargnée ; mais ses environs du côté du Valois, comme du côté de Chantilly, furent complètement ravagés. Ce sont même les excès commis par le gros de ses troupes, cantonnées comme nous l'avons dit plus haut, à Nanteuil et à Crépy, qui détournèrent d'abord l'attention de M. le Prince de notre ville et qui le forcèrent à prendre d'autres soins.

Les soudards étrangers qui composaient en grande majorité l'armée à sa solde, commettaient, en effet, de tels excès que Condé fut obligé d'intervenir personnellement pour les apaiser. Déjà ils avaient ruiné tous les villages de la plaine de Crépy, pillant, brûlant, violant, et détruisant complètement toutes les paroisses jusques et y compris Rully. S'ils ne vinrent pas jusqu'à Barbery, c'est que l'armée royale y était déjà, pillant et détruisant tout de son côté, comme à l'ordinaire.

Par le même document déjà cité (Archives de l'Oise, série H, 2593), nous apprenons, en effet, qu'en quittant Saint-Nicolas le 25 octobre, les troupes du Roi s'étaient campées à Barbery où elles restèrent jusqu'au 31 octobre et où on les retrouve encore le 6 novembre. De là, elles observaient les escadrons du Prince qui ravageaient tranquillement la plaine du Valois.

Sans doute les mercenaires allemands ne ménageaient-ils pas plus les fermiers et les terres de leur maître, alors le plus grand propriétaire de la contrée, que ceux de son cousin et allié, le duc d'Orléans, titulaire du duché de Valois. Condé crut donc de son intérêt de mettre le « holà » à toutes ces atrocités. Il se rendit en personne à Crépy, réunit ses troupes et porta leurs campements un peu plus loin du côté de Béthisy, où il restait probablement encore quelque chose à « manger ».

Cette diversion, — et probablement aussi la présence de la petite armée royale maintenant commandée par Turenne, — sauva donc cette fois Senlis de l'invasion des soudards hispano-allemands.

Puis le Prince de Condé, poursuivant sa trahison, et n'ayant pas voulu accepter l'amnistie du 22 octobre, refus qui le fit déclarer rebelle et criminel de lèse-majesté le 13 novembre, s'en alla guerroyer en Champagne, jusqu'au moment où il fut forcé de gagner le Luxembourg (février 1653), puis Namur (mars 1653). Il quitta pour longtemps la France, et Senlis, restée fidèle au Roi, n'eut plus à souffrir du voisinage de ce prince turbulent et « incertain », comme le qualifie la Palatine — à qui les victoires de Rocroi, de Fribourg, de Nordlingen et de Lens, ont pu mériter dans l'histoire le surnom de « Grand », mais dont la France ne peut oublier le mal que lui fit sa défection pendant ses dix années de Fronde.

V

Malgré ce que nous avons dit plus haut de la mentalité des partis en présence au milieu du XVIIe siècle, il nous est impossible de ne pas éprouver aujourd'hui un sentiment de douleur, ressemblant presque à de la honte, en voyant des Français s'entre-déchirer avec l'aide des pires ennemis de leur pays.

Mais, encore une fois, nous ne devons pas oublier, à la décharge de nos pères, que la France en tant que nation, n'était pas alors tout à fait achevée, que le morcellement féodal et la clientèle personnelle qui en avait été la conséquence, faisaient sentir leur influence, et que les grandes unités nationales, qui, depuis cette époque, ont sans cesse tendu à se former, — et dont la guerre actuelle n'est en somme que le dernier effort de réalisation — n'étaient au commencement du règne de Louis XIV qu'à l'état latent et embryonnaire. Notre pays lui-même, bien qu'il fut de ceux où le travail de fusion était déjà le plus avancé, était loin de former la solide et inébranlable entité nationale que lui a donnée son histoire depuis plus deux siècles et demi.

Nous voyons aujourd'hui l'admirable résultat de ce travail séculaire. Espérons que l' « union sacrée » qui nous fait faire front à l'ennemi, avec tant d'héroïsme et de ténacité, sera le commencement d'une ère nouvelle dans laquelle les Français oublieront leurs préférences politiques pour ne songer qu'au bien public, et se montreront aussi unis dans la paix prochaine qu'ils l'ont été dans la présente guerre que terminera bientôt une éclatante victoire.

TABLE ANALYTIQUE

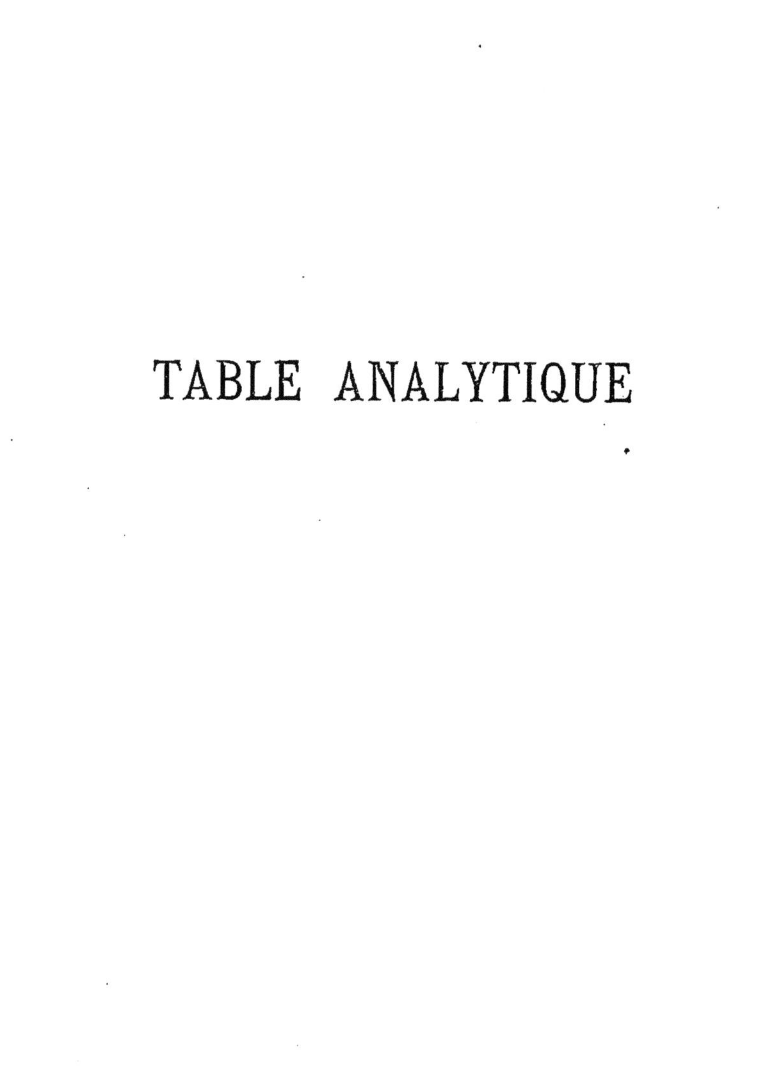

TABLE ANALYTIQUE

A

B

C

L

M

TABLE GÉNÉRALE

Ouvrages du même Auteur :

Mémoire sur l'Origine de la Ville et du Nom de Senlis. — Senlis, 1863. — In-8°.

La Langue latine étudiée dans l'Unité Indo-Européenne. — *Histoire, Grammaire, Lexique.* — Paris, 1868. — 1 vol. in-8°.

La Grande Voie romaine de Senlis à Beauvais et l'emplacement de Litanobriga. — Senlis, 1873. — In-8°, 2 cartes.

Indicateur de l'Archéologue et du Collectionneur (publié avec M. G. de Mortillet). — Paris, 1872-74. — 2 vol. in-8°, 280 fig.

Etude sur quelques monuments mégalithiques de la vallée de l'Oise. — Paris, 1875. — In-8°, 50 fig.

Le Musée archéologique, *Recueil illustré de monuments, etc.*, publié avec la collaboration d'archéologues français et étrangers. — Paris, 1876-77. — 2 vol. grand in-8° avec fig.

Les Pays Sud-Slaves de l'Austro-Hongrie (*Croatie, Slavonie, Bosnie. Herzégovine, Dalmatie*). — Paris, 1883. — In-18 jésus, 58 gravures.

Notice sur Hugues de Groot (Hugo Grotius), suivie de lettres inédites. — Paris, 1884 — In 8°.

Les intérêts français dans le Soudan Éthiopien. — Paris, 1884. — In-18 jésus, 3 cartes.

La France en Éthiopie : Histoire des Relations de la France avec l'Abyssinie chrétienne, sous les règnes de Louis XIII et de Louis XIV (1634-1706). Paris, 1886, 1re édition. — In-18 jésus, avec carte. — Paris, 1892, 2e édition.

Recueil des Instructions données aux Ambassadeurs de France en Portugal, publié sous les auspices de la Commission des Archives Diplomatiques au Ministère des Affaires étrangères. — Paris, 1886. — 1 vol. grand in-8°.

Arabes et Kabyles (Questions algériennes). — Paris, 1891. — In-18 jésus.

Causeries du Besacier. Mélanges pour servir à l'histoire des pays qui forment aujourd'hui le département de l'Oise (Picardie méridionale. — Nord de l'Ile-de-France). — 1re série, Paris, 1892 ; — 2e série, Paris, 1895. — 2 vol. in-12.

Note sur quelques Lécythes blancs d'Erétrie (Extrait des *Mémoires des Antiquaires de France,* Paris, 1893, in-8°.

Mémoires et documents pour servir à l'histoire du département de l'Oise. — Paris, 1895. In-8°, fig.

Notes et documents pour servir à l'histoire d'une famille picarde au moyen âge. — La maison de Caix, rameau-mâle des Boves-Coucy. — Paris, 1895. — Gr. in-8°.

Anne de Russie, reine de France, comtesse de Valois. — 2e édit., Paris, 1896, fig.

La France avant l'histoire et la Gaule indépendante. — La Gaule romaine. — 2 vol. gr. in-8°. — Nombr. cartes et figures (en collaboration avec Albert Lacroix). — Paris, 1900 et 1901.

Les Sibylles d'Anvers. — Caen, 1902. — In-8°, planches.

Le Mausolée des Puget à Senlis. — Paris, 1903. — In-8°, planche.

Le Temple de la forêt d'Halatte et ses ex-voto. — Caen, 1907. — In-8°, planches.

« Belgicismes ». — Anvers, 1911. — In-8°.

Les Archives et les Livres de raison des Brossard des Ils. — Caen, 1912. — In-8°.

Vieux Manoirs et Gentilshommes bas-normands. — *Promenades historiques dans le Val d'Orne.* — Caen, 1914, — Gr. in-8°. 70 figures.

Guerre de 1914 — *La Marche sur Paris de l'aile droite allemande* — *Ses derniers combats* Verberie-Senlis. 26 août-4 septembre 1914. — Trois cartes. — Paris, 1915. — (7e édition en 1916). — Etc., etc.